꿈을 꾸렴, 아빠가 너를 응원할게

초판 1쇄 2010년 6월 25일　초판 4쇄 2018년 1월 15일
글 안상헌　그림 천소
편집 윤정현 김가설　마케팅 강백산 강지연 김가연　디자인 나무 디자인 정계수
펴낸이 이재일
펴낸곳 토토북 04034 서울시 마포구 양화로11길 18, 3층(서교동, 원오빌딩)
전화 02-332-6255　팩스 02-332-6286
홈페이지 www.totobook.com　전자우편 totobooks@hanmail.net
출판등록 2002년 5월 20일 제10-2394호
ISBN 978-89-6496-006-6 73190

ⓒ 안상헌, 천소 2010
이 책은 저작권법에 의해 보호를 받는 저작물이므로 무단 전재 및 무단 복제를 금합니다.
잘못된 책은 바꾸어 드립니다.

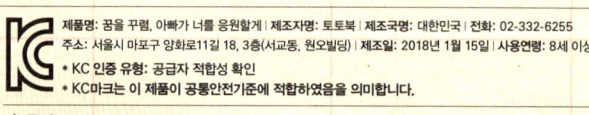

안상헌 글 | 천소 그림

www.totobook.com

부모님께 드리는 글
꿈꾸는 사람의 행복을 우리 아이에게도 나누어 주세요

　　꿈이 있는 사람과 없는 사람의 차이는 뭘까요? 바로 자신이 어디로 가야 하는지를 안다는 점일 것입니다. 요즘 아이들은 컴퓨터 게임이나 TV 시청을 하면서 많은 시간을 보냅니다. 부모님 입장에서는 안타까우실 겁니다. 그런데 왜 아이들이 이런 소모적인 것에 빠져 있을까 생각해 보셨는지요? 심리학자들은 자신감이 사라졌을 때 쉽게 몰입할 수 있는 게임이나 TV에 빠지게 된다고 합니다. 그래서 학업이나 자신의 활동에 대한 자신감을 키워 주는 일이 중요하다고 말합니다.

　　이것은 김연아 선수나 박지성 선수 같은 세계적인 스타들을 살펴봐도 알 수 있는데요. 이런 스타들도 분명히 게임을 하고 싶고, TV도 보고 싶고, 친구도 만나고 싶은 시기가 있었다는 점입니다. 그런데도 이들은 하고 싶은 것을 참아내며 자신이 하는 것에 몰입했습니다. 그 결과 지금의 그들이 만들어진 것이지요. 이것이 바로 꿈의 힘입니다.

　　꿈은 사람에게 자신에 대한 믿음을 심어 줍니다. 자신에 대한 믿음

이 있으면 행동하고 싶어집니다.
행동하면 습관이 달라집니다. 습관이 달라지면 결과가 달라집니다. 결국 삶이 달라집니다.

　부모가 아이들에게 해 줄 수 있는 것은 의외로 많지 않습니다. 하지만 이것 한 가지는 꼭 해 주어야 합니다. 그것은 바로 꿈을 가진 아이로 자라도록 도와주는 것입니다. 꿈만 가질 수 있다면 다른 어떤 것도 필요하지 않을 수 있습니다. 왜냐하면 자신의 꿈을 중심으로 스스로 모든 것을 이끌어 나갈 것이기 때문입니다. 꿈이란 한 사람의 삶, 그 자체입니다.

　꿈꾸는 사람의 행복, 우리 아이에게도 나누어 주면 어떨까요?

차례

부모님께 드리는 글 꿈꾸는 사람의 행복을 우리 아이에게도 나누어 주세요 4
꿈이란 왜 소중한 것일까요? 8

내가 무엇을 좋아하는지, 무엇이 되고 싶은지 잘 모르겠어요.
꿈을 찾으려면 어떻게 해야 하나요? 10
　아빠의 응원 ❶ 네가 잘하는 것, 바라는 것은 뭐니?

하고 싶은 것도 많고 되고 싶은 것도 많아요.
꿈을 하나만 가져야 하나요? 22
아빠의 응원 ❷ 네 꿈의 1, 2, 3루를 정해 보렴

내 꿈을 사람들에게 말하면 비웃을까 봐 겁나요.
특별한 사람만 꿈을 이룰 수 있나요? 42
아빠의 응원 ❸ 꿈을 갖고 있는 사람은 모두 특별하단다

내가 정말 꿈을 이룰 수 있을까요?
　꿈을 이루려면 무엇부터 시작해야 하나요? 54
　　아빠의 응원 ❹ 계획을 세워 보면 알 수 있지

계획을 세우고 나니, 할 일이 너무 많아요.
내가 잘 해낼 수 있을까요?   66
아빠의 응원 ❺ 오늘부터 하나씩 실천하기만 하면 돼

꿈을 이루기 위해 공부를 시작했는데, 자꾸 부족하단 생각이 들어요.
뭐든지 처음부터 잘할 수 있는 비법이 있으면 좋겠어요.   78
아빠의 응원 ❻ 내일 더 잘하리란 믿음을 가지는 것이 바로 비법이야

아무리 노력해도 발전하는 것 같지 않고 힘들어요.
포기하고 싶을 때는 어떡하면 좋을까요?   90
아빠의 응원 ❼ 착한 마음이 이길 수 있도록 주문을 외워 보자

결정적인 순간에 자꾸 실수해요. 그럴 때마다 속상하고 마음이 아파요.
어떡하면 실수하지 않을까요?   106
아빠의 응원 ❽ 실수는 네 꿈을 더욱 튼튼하게 만든단다

미래에는 꿈을 이룬 사람이 되어 있을 거예요   122

꿈이란 왜 소중한 것일까요?

"불가능이란 없다. 우리는 우리 자신을 믿어야 한다."

이런 말을 들어 본 적이 있나요? 여러분도 잘 알고 있는 유명한 축구 선수, 박지성이 한 말입니다.

박지성 선수는 부지런히 뛰는 것으로 유명하지요. 공격 진영에서 열심히 달리며 슛을 날리는가 하면 어느새 수비 자리로 들어가 상대편 공격수를 막아 냅니다. 덕분에 '산소 탱크'라는 별명까지 얻었지요. 아마도 세계에서 가장 많은 거리를 뛰는 축구 선수가 아닐까 합니다.

그렇다면 박지성 선수는 처음부터 유명한 사람이었을까요? 전혀

그렇지 않습니다.

 그는 축구를 좋아해서 운동장에서 친구들과 함께 공 차는 것을 즐겼습니다. 그러다가 훌륭한 축구 선수가 되기로 마음먹고 본격적으로 선수 생활을 시작했지요. 그런데 축구 선수가 된 후에야 운동을 하기에는 자신의 키가 너무 작고 체격도 왜소하다는 사실을 알았습니다.

 그래서 축구할 때 '나는 안 돼.' 하는 생각을 무수히 했다고 합니다. 하지만 그는 포기하지 않았습니다. 왜냐하면 축구를 매우 좋아했거든요. 축구를 좋아하고 사랑하는 마음이 불리한 조건을 극복하고 훌륭한 선수가 되도록 만든 것이지요.

 박지성 선수가 온갖 어려운 조건을 극복할 수 있었던 것은 모두 꿈의 힘이었습니다. 이렇게 꿈이란 우리를 살아 있게 하고 살아갈 수 있도록 하는 멋진 것입니다.

 여러분은 꿈이 있나요?

 아직 꿈을 갖지 못했다면, 이 책을 읽으면서 자신의 꿈을 찾아보는 것은 어떨까요?

첫 번째 명언 노트

내가 무엇을 좋아하는지,
  무엇이 되고 싶은지 잘 모르겠어요.
꿈을 찾으려면 어떻게 해야 하나요?

대부분의 사람은 자신이 무엇을 바라는지 잘 모른다.
하지만 자신이 무엇을 할 수 없는지는 너무 잘 안다.

알프레드 E. 뉴먼

"나는 노래를 못해."
"나는 춤을 못 춰."
"나는 그림을 못 그려."
"나는 달리기를 못해."

사람들이 이렇게 말하는 것을 들어 본 적이 있을 거예요. 우리는 자신이 무엇을 못하는지 알고 있습니다. 노래를 해 보고 춤을 춰 보고 그림을 그려 보면 다른 친구들보다 못하는 것이 느껴지기 때문이지요.

그런데 이상하게도 자신이 무엇을 잘하는지, 무엇을 하고 싶은지는 전혀 모릅니다. 자신이 못하는 것은 알면서도 잘하는 것은 왜 모르는 것일까요?

그것은 우리의 관심이 어디에 집중되어 있느냐와 관계가 있습니다. 지금 하얀 종이를 하나 펼쳐 놓아 보세요. 그리고 종이 위에 큰 점을 하나 찍어 보세요. 그 종이를 다른 아이들에게 보여 주면서 무엇이 보이느냐고 물어보세요. 어떤 대답이 나올까요?

대부분의 아이는 점이 보인다고 말합니다. 점보다 훨씬 큰 하얀 종이도 있는데, 왜 그 위의 점만 잘 보일까요?

사람들은 두드러져 보이는 것에 집중합니다. 하얀 종이 위에 있는 점이 눈에 잘 띄는 것도, 우리가 못하는 점이 눈에 잘 보이는 것도 이런 이유 때문이에요.

그래서 우리는 자신이 잘하는 것이 무엇인지 찾아내려고 노력해야 합니다. 신경 써서 생각하지 않으면 찾아낼 수 없거든요. 자신이 무엇을 잘하고 무엇이 되고 싶은지를 찾는 가장 좋은 방법은 글로 써 보는 것입니다.

종이에 자신이 무엇을 잘하는지 써 보세요. 그리고 바라는 것이 무엇인지도 써 보세요. 될 수 있으면 많이 써 보세요. 머릿속으로만 생

각하는 것보다 직접 글로 써 보면 자신이 무엇을 바라고 잘하는지 알아내기 쉽습니다.

　이제 종이에 쓴 여러 개 중에서 자신이 제일 잘한다고 생각하는 것, 가장 바라는 것에 동그라미를 쳐 보세요. 이렇게 동그라미 친 것이 여러분이 가장 잘하는 것이고 가장 바라는 것입니다.

알프레드 E. 뉴먼 미국의 영화 음악 작곡가입니다. 영화 음악 작곡가는 우리가 극장에서 보는 영화에 배경 음악을 만드는 일을 합니다. 영화를 더욱 재미있고 감동적으로 만드는 데 음악은 중요한 역할을 합니다. 그는 평생 한 번도 영화 음악 외에 다른 분야의 음악에는 관심도 두지 않았을 정도로 자신의 일에 열정적이었습니다. 그래서 영화 음악 분야의 대가가 되었으며 상도 많이 받았습니다.

정말 힘들고 외롭고 짜증 나는 가운데서도
춤추고 노래하는 일이 가장 큰 기쁨이에요.

빅뱅

여러분이 좋아하는 가수 빅뱅은 참으로 어려운 시간을 이겨 내고 유명한 가수가 되었습니다. 멋지게 춤을 추고 노래를 부르고 재미있는 이야기를 많이 들려주지요.

텔레비전에서는 춤추고 노래하는 화려한 모습만 나오지만, 그렇게 멋지게 춤추고 노래할 수 있게 되기까지는 오랜 시간 연습해야만 했습니다. 하루에 열 시간 이상 춤과 노래 연습을 하는 날이 많았지요. 그렇게 오랫동안 노력했기 때문에 결국 노래와 춤으로 인정받는 최고의 가수가 될 수 있었습니다.

빅뱅은 '대폭발'이라는 뜻으로, 처음 우주가 시작될 때 큰 폭발이

일어나면서 별들과 공간이 만들어졌다는 과학 이론에서 나온 말입니다. 그룹의 이름을 빅뱅으로 정한 것은 아마도 우주가 시작됐을 순간과 같이 세상에 큰 뜻을 펼쳐 보이겠다는 의지를 표현하기 위해서였을 겁니다.

어른들은 세상을 살아가는 일이 참으로 힘들다고 말합니다. 아침이면 밥을 하고 출근하고, 일을 마치고 저녁에 돌아오면 피곤하지만 여러분의 공부를 도와주어야 합니다. 그리고 잠이 들면 아침이 오고 또 하루가 시작됩니다. 하루하루가 쉴 틈 없이 바쁘게 돌아가지요. 그건 여러분도 마찬가지일 거예요. 일어나서 정신을 차리기도 전에 밥을 먹고, 학교에 가고, 학원에 가고, 숙제를 하고, 잠들고…….

빅뱅의 다섯 멤버도 이런 일상에 싫증이 나고 견디기 힘들었을 것입니다. 하지만 그들에게는 좋아하는 것이 있었습니다. 바로 노래와 춤이었어요. 피곤하고 재미없는 생활 속에서도 노래와 춤만은 항상 좋아했고, 덕분에 생활의 즐거움을 찾을 수 있었습니다. 다섯 멤버의 공통점은 바로 노래와 춤에 대한 사랑과 열정이었습니다. 덕분에 그들은 하나로 뭉쳤고, 오랫동안 연습해서 멋진 가수가 되었습니다.

여러분도 하루하루가 재미없고 지루하고 힘들다고 느껴지는 때가

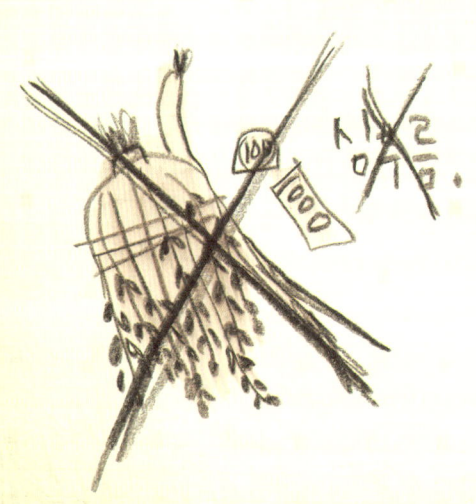

많을 거예요. 그런 날에는 여러분이 무엇을 하면 즐거운지 생각해 보세요. 재미없고 힘들 때 즐거움을 주는 것을 찾아내려고 노력하다 보면 자연스럽게 자신이 무엇을 좋아하는지 알게 된답니다.

    사람은 누구나 처음에는 아무런 꿈도 없습니다. 자라면서 많은 것을 경험하다 보면, 좋아하는 것이 생기고 자신에게 맞는 것을 찾게 됩니다. 지금 좋아하는 것이 아무것도 없다거나 꿈이 없다고 해서 너무 실망하지 마세요. '내가 좋아하는 것은 무엇일까?' 이런 생각을 하면서

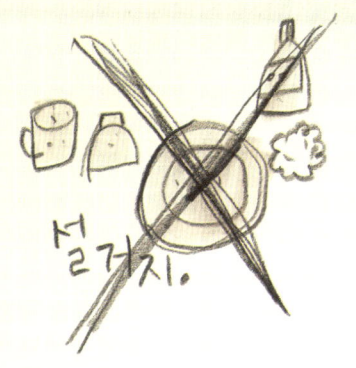

건강하게 자라다 보면, 자연스럽게 좋아하는 것을 찾아낼 수 있고 꿈도 가질 수 있습니다. 빅뱅처럼 말입니다.

빅뱅 지드래곤, 탑, 대성, 태양, 승리 다섯 명으로 구성된 남성 아이돌 그룹입니다. 뛰어난 춤 실력과 무대 매너로 많은 팬의 사랑을 받고 있지요. '거짓말', '붉은 노을' 등의 히트곡으로 널리 알려졌습니다.

아빠의 응원 ❶

네가 잘하는 것, 바라는 것은 뭐니?

강연을 하러 다니다 보면 이런 질문을 하는 어른이 있어.

"강의를 들으니 내 꿈을 이루기 위해 어떻게 노력해야 하는지는 알겠는데, 정작 내 꿈이 무엇인지는 모르겠어요."

아빠는 깜짝 놀랐어. 어른인데도 자신의 꿈을 모른다고 하니까 말이야. 그런데 그런 질문을 하는 사람이 적지 않다는 것에 또 한 번 놀랐단다.

그래서 우리 딸과 같은 어린이들이 스스로 꿈을 찾아가는 데 도움이 되는 방법을 살짝 알려 주려고 해.

어른들도 쉽게 찾지 못하는 걸 네가 어떻게 스스로 찾느냐고? 조금만 생각해 보면 꿈을 찾는다는 것이 그리 어려운 일은 아니란다.

그럼 네가 꿈을 찾을 수 있는 질문을 해 볼까?

꿈을 찾아내는 질문들

1. 네가 잘하는 것, 바라는 것은 무엇이 있을까?
   많이 있으면 있는 대로 적어 보렴.

2. 1번의 질문에 쓴 답 중에서 이것을 하면 정말로 행복할 것 같다는 생각이 들 만큼 가장 하고 싶은 것은 무엇이니?

3. 휴식 시간에 너는 주로 어떤 것을 하고 있니?

4. 휴식 시간에 하는 것이 네가 가장 하고 싶은 것 중에 있니?
   그것이 즐거웠니? 그랬다면 가장 즐거웠을 때는 언제였니?

5. 만약 즐겁지 않았다면 왜 그렇다고 생각하니?

6. 즐겁지 않다면 그것을 즐겁게 할 수 있는 방법이 있다고 생각하니?
   있다면 구체적으로 어떻게 하면 될까?

7. 네가 가장 잘하는 것, 바라는 것도 찾고 그 일을 즐겁게 하는 방법도 찾았으니
   이제 꿈을 향해 달리기만 하면 되는 거야.

두 번째 명언 노트

하고 싶은 것도 많고
　　　　되고 싶은 것도 많아요.
꿈을 하나만 가져야 하나요?

자기 자신보다 더 큰 것을 이루려는 꿈을 가질 때
비로소 자기의 진정한 잠재력을 실현하게 될 것이다.

버락 오바마

어떤 사람은 꿈이 있고, 어떤 사람은 꿈이 없습니다. 꿈이 있는 사람 중에도 쉽게 이룰 수 있는 꿈을 가진 사람이 있고, 아무나 이루기 힘든 꿈을 가진 사람도 있습니다.

그런데 역사적으로 위대한 사람들은 모두 아무나 이룰 수 없는 큰 꿈을 가졌습니다. 왜 그럴까요?

그건 바로 꿈이 사람을 만들기 때문입니다.

꿈이 사람을 만든다는 말이 잘 이해가 안 된다고요? 그럼 위에 쓰인 오바마 미국 대통령의 말을 다시 한 번 읽어 보세요.

쉽게 이룰 수 있는 꿈을 가지면 쉽게 이룬 것에 만족하게 됩니다.

그러면 더 이상 발전이 없지요. 결국 늘 제자리에 머물고 맙니다.

하지만 자신이 이룰 수 있는 것보다 큰 꿈을 가지면 신기한 일이 일어납니다. 큰 꿈을 이루려고 노력하는 과정에서 자신의 잠재력이 드러나는 것입니다.

만족하는 사람은 더 노력할 필요가 없습니다. 덕분에 편하게 쉬면서 놀 수 있지요.

하지만 더 큰 것을 위해 노력하는 사람은 쉴 틈이 없습니다. 바쁘게 움직이고 노력해야 합니다. 이렇게 노력하는 과정에서 자신의 몸과 마음에 숨어 있는 잠재력이 드러나게 됩니다.

오바마 미국 대통령은 아버지가 흑인이고 어머니가 백인입니다. 그의 피부색은 아버지를 닮아 검은색이지요. 그러니까 그는 흑인입니다.

아주 오래 전에 미국에서 흑인들은 노예로 살았습니다. 노예의 신분에서 풀려나 인간적으로 평등한 대우를 받기 시작한 것은 노예 해방 이후의 일입니다. 하지만 지금도 미국의 흑인들은 교육의 기회가 적고 가난하기 때문에 넉넉한 삶을 꾸리기 어렵습니다.

이런 상황에서도 오바마 대통령은 큰 꿈을 꾸었습니다. 처음에는 변호사가 되겠다는 꿈이었습니다. 그 꿈을 이루고 나서는 유명한 정치인이 되겠다는 새로운 꿈을 꾸었습니다. 이후 그는 꿈을 점점 키워서 미국의 대통령이 되겠다고 마음먹었습니다.

  결국 그는 미국 최초의 흑인 대통령이 되었습니다. 미국에서 흑인이 대통령이 된다는 것은 거의 불가능한 일이었습니다. 하지만 그는 해냈습니다. 자신의 꿈을 믿고 그 꿈을 이루려고 잠재력을 최대한 발휘했기 때문입니다.

  오바마 대통령은 연설을 잘하기로 유명합니다. 그의 연설은 논리가 분명하고 귀에 쏙쏙 들어와서 사람들의 마음을 빼앗아 버립니다.

  처음에는 그도 자신이 연설을 그렇게 잘하는지 몰랐습니다. 단지 변호사가 되고 정치인이 되고 난 후 사람들 앞에서 연설할 일이 많았기 때문에 열심히 연습했습니다. 그러는 동안 차츰 그의 숨어 있던 잠재력이 발휘되기 시작했습니다. 그는 다른 사람들보다 훨씬 재미있고 감동적으로 말을 했던 것입니다. 그의 재능은 연설할 기회가 없었으면 빛을 보지 못했을 것입니다.

  그의 큰 꿈이 비로소 숨어 있는 잠재력을 깨워서 그를 훌륭한 연설가로 만든 것이지요. 사람은 누구나 잠재력을 가지고 있습니다. 그리고 각자의 꿈을 통해서 그 잠재력은 조금씩 드러납니다.

  '나는 어떤 잠재력이 있을까?'

  아직 꿈을 정하지 않은 친구나 자신의 장점을 발견하지 못한 친구는 이런 생각을 하면서 자신의 잠재력을 차근차근 찾아보세요. 그 과정도 재미있는 일이 될 것입니다.

버락 오바마 미국 하와이에서 태어난 그는 아버지가 흑인이었고 어머니는 백인이었습니다. 어린 시절 부모의 이혼으로 힘든 생활을 하며 우울한 청년 시절을 보냈지만, 꿋꿋이 이겨 내고 변호사가 되었습니다. 그리고 정치계로 진출하여 미국 최초의 흑인 대통령이 되는 큰 업적을 남겼습니다.

우리는 똑같은 강물에 손을 씻을 수 없다.

헤라클레이토스

흘러가는 시냇물에 손을 씻었습니다. 그러고는 즐겁게 뛰어놀다가 한참 후 다시 강물에 손을 씻었습니다. 이때 우리는 같은 강물에 손을 씻은 것일까요? 아니요, 그것은 같은 강물이 아닙니다. 방금 내가 손을 씻은 물은 이미 흘러가고 없습니다. 이제 내가 손 씻을 물은 예전의 물과 다른 물입니다. 그러므로 우리는 똑같은 강물에 손을 씻을 수 없습니다.

헤라클레이토스는 그리스의 유명한 철학자입니다. 그는 재미있는 표현으로 이 세상의 원리를 쉽게 설명하곤 했는데 '우리는 똑같은 강물에 손을 씻을 수 없다.'라는 말도 그 중의 하나입니다. 이 말은 세

상의 모든 것은 변한다는 진리를 담고 있습니다.

어제의 나와 오늘의 나는 다른 사람입니다. 왜냐하면 우리는 매일, 아니 매시간 조금씩 변해 가기 때문입니다. 키도 아주 조금씩 자라고, 머리카락도 자랍니다. 손톱도 자랍니다. 그리고 무엇보다 중요한 '생각'도 변해 갑니다. 한 시간 전까지는 밥 먹고 싶은 생각이 없었는데 좀 뛰어놀고 나니까 지금은 배가 고픕니다.

이렇게 우리의 몸과 마음은 조금씩 변해 갑니다.

우리의 몸과 마음이 변해 가듯 꿈도 변해 갑니다. 어느 날은 피아니스트가 되는 것이 꿈이었다가 오늘은 발레리나가 되고 싶습니다. 내일은 가수나 개그맨이 되고 싶을지도 모릅니다. 여러분의 부모님께 어릴 때 꿈이 무엇이었는지 여쭤 보세요. 아마 여러 가지 대답이 나올 겁니다. 왜냐하면 사람의 마음은 변하기 때문입니다.

'왜 내 꿈은 하나가 아니고 계속 변하는 걸까?' 이렇게 고민할 필요가 없습니다. 변하는 것은 새로운 것에 관심이 생겼다는 뜻입니다. 새로운 것에 관심이 생기면 일단 그것에 대해서 알아보고 연습도 해 봅니다. 그것이 좋으면 계속하고, 마음에 들지 않으면 새로운 것에 관심

갖게 되지요. 이것은 매우 자연스러운 일입니다.

우리는 이렇게 다양한 꿈을 가져 보는 경험을 통해서 나에게 적당한 꿈이 무엇인지 알게 됩니다. 아무것도 해 보지 않고 무엇이 나에게 잘 맞는지 판단하기는 어렵습니다. 나에게 적당한 것이 무엇인지 알아보려면 직접 해 보는 것이 가장 확실한 방법입니다.

여러분이 하고 싶은 것이 있거나 꿈꾸는 것이 있으면 직접 해 보기 바랍니다. 그리고 그것이 자기와 맞지 않다면 또 새로운 것에 도전하세요. 이렇게 다양한 것을 하다 보면 어느 날 나에게 꼭 맞는 것이 나타날 겁니다. 그때는 그것이 여러분의 진정한 꿈이 될 수 있을 거예요.

강물도 흘러가고 시간도 흘러갑니다. 세상의 모든 것이 변해 가듯이 우리의 몸과 생각도 변해 갑니다. 그와 함께 우리의 꿈도 변합니

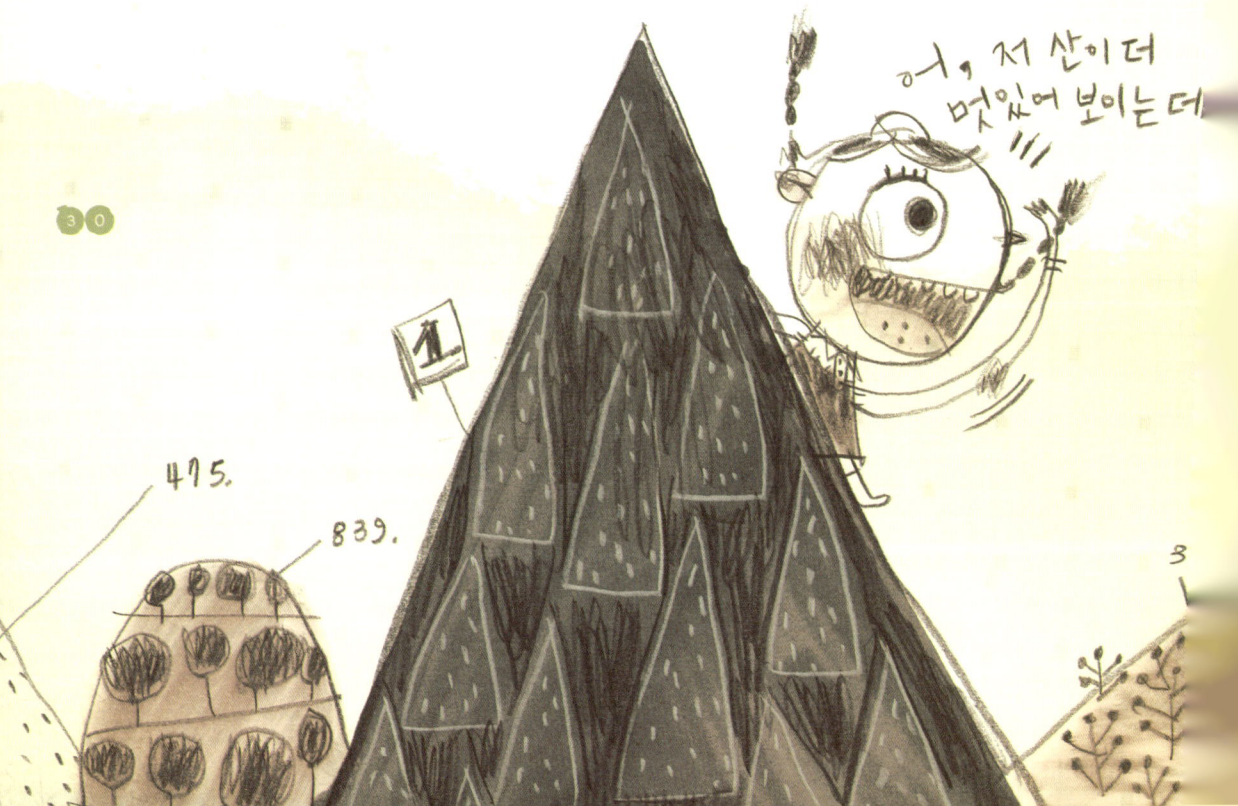

다. 변화는 자연스러운 것입니다. 변하는 것을 두려워하지 마세요. 새로운 꿈이 생기면 그 꿈을 향해 도전해 보세요. 도전이야말로 꿈을 찾을 수 있게 도와주는 진정한 친구입니다.

헤라클레이토스 그리스의 철학자입니다. 그는 세상이 불로 이루어져 있다고 생각했습니다. 모든 사물은 서로 연관을 가지고 있으며 사람도 서로 조화롭게 살아가야 한다고 주장했지요. 일생에 한 권의 책을 썼지만, 후세에 전해지지 못해 그의 생각은 짧은 글로만 남아 있을 뿐입니다.

햇빛은 하나의 초점에 모아질 때만
불꽃을 피우는 법이다.

알렉산더 그레이엄 벨

할아버지나 할머니가 신문을 보고 책을 읽으실 때 돋보기안경을 쓰시는 것을 볼 수 있지요. 돋보기안경을 쓰면 작은 글씨를 크게 볼 수 있습니다. 학교에서도 돋보기를 사용한 적이 있지요? 돋보기는 아주 작은 물체를 크고 가깝게 보이도록 해서 자세히 관찰할 수 있게 도와주는 편리한 도구이지요.

돋보기는 볼록 렌즈이기 때문에 빛을 모아 주는 역할을 합니다. 돋보기로 햇빛을 받아서 초점을 잘 맞추면 검은색 종이가 쉽게 타는 것을 알 수 있지요. 흩어져 있던 빛이 한군데로 모이면서 강한 열을 발생시키기 때문입니다.

우리 마음도 마찬가지입니다. 햇빛만으로는 종이를 태울 수 없지만 돋보기로 빛을 모으면 강한 열이 생기듯이, 우리 마음도 어떤 하나에 집중할 때 강한 힘을 가집니다. 그래서 한 가지 생각에 집중하는 것이 중요합니다.

　예를 들어 내일 과학, 수학, 국어 이렇게 세 과목의 시험이 있다고 해 볼까요? 그러면 마음이 급해져서 여러 가지 공부를 한꺼번에 하고 싶을 것입니다. 그래서 과학 책, 수학 책, 국어 책을 한꺼번에 펼쳐 놓을 것입니다. 과연 공부를 제대로 할 수 있을까요? 아마 한 과목에도 집중하기 어려울 거예요. 하나에 집중할 때 공부도 잘 되는 법이니까요. 공부하는 효율을 높이기 위해서는 아무리 바빠도 한 번에 한 과목만 차근차근 공부해야 합니다. 이것이 집중의 힘입니다.

　여러분은 많은 꿈을 가지고 있을 것입니다. 1등 하는 꿈, 돈을 많이 버는 꿈, 경찰관이 되는 꿈, 발표를 잘하는 사람이 되는 꿈, 다른 사람을 도와주는 훌륭한 사람이 되는 꿈……. 이런 많은 꿈이 여러분의 마음속에 있습니다.

　이 꿈들을 모두 이룰 수도 있습니다. 하지만 이렇게 많은 꿈을 한꺼

번에 이루기는 어렵습니다. 그래서 정말 마음에 담고 있는, 자신이 꼭 되고 싶은 꿈을 하나 골라 이룬 뒤에, 새로운 꿈에 도전해야 합니다.

공 하나를 던지면 상대방이 쉽게 받을 수 있습니다. 하지만 두 개 혹은 여러 개의 공을 동시에 던지면 어떻게 될까요? 하나도 받기가 어려울 거예요. 공들이 섞여서 우리의 눈을 혼란스럽게 하기 때문입니다. 우리는 한 번에 하나의 공만 받아 낼 수 있습니다.

꿈도 마찬가지입니다. 정말 되고 싶은 것을 하나 찾으세요. 그리고 그것에 마음을 집중하세요. 그래야 꿈이 가까워집니다.

이제 자신에게 물어보세요.

'내가 정말 되고 싶은 것은 뭘까?'

이 질문을 마음속에 간직하기만 하면 됩니다. 잘 생각이 안 나면 나중에 혼자 있는 시간에 생각해 보세요. 종이에 이 질문을 적어 놓고 가끔씩 읽어 보세요. 그러면 자연스레 그 질문에 대답하고 싶어질 겁니다. 그렇게 조금씩 질문하고 대답하는 사이 정말 되고 싶은 꿈이 무엇인지 찾아갈 수 있게 된답니다.

알렉산더 그레이엄 벨 미국의 발명가이자 과학자입니다. 우리가 집에서 사용하는 전화를 처음으로 발명했습니다. 그는 평생 말을 못하는 사람들이 말할 수 있도록 도와주는 일을 했는데 전화를 발명하게 된 것도 그런 연구의 결과였다고 합니다. 말을 전달하는 수단을 연구하다 전화를 발명하게 된 것이지요. 벨은 전화 외에도 많은 발명품을 남겼고, 토머스 에디슨과 함께 세계적으로 유명한 발명가로 알려져 있습니다.

홈에 들어오기 위해서는 1, 2, 3루 베이스를 차례로 밟지 않으면 안 된다.

베이브 루스

대부분의 스포츠는 선수마다 자리가 정해져 있습니다. 야구에는 공을 던지는 투수, 공을 받는 포수, 1루를 지키는 1루수, 2루를 지키는 2루수, 3루를 지키는 3루수, 그리고 유격수와 멀리 외야를 지키는 외야수들이 있습니다. 이렇게 각자 자기 위치에 자리를 잡고 경기하면서 주위로 날아오는 공들을 처리합니다.

공격하는 타자가 투수가 던진 공을 친 후에 공이 운동장에서 머무는 동안 1, 2, 3루를 거쳐 홈으로 들어오면 1점이 됩니다. 이때 반드시 1, 2, 3루를 차례로 거쳐야만 홈에 들어올 수 있습니다.

야구 경기를 보다가 홈런이라는 이야기를 들어 보았지요? 홈런은

타자가 친 공이 멀리 외야의 담장을 넘어가는 경우를 말합니다. 야구공이 100미터 이상 날아간다고 생각하면 됩니다. 이렇게 홈런을 치더라도 선수가 천천히 1, 2, 3루를 돌아서 홈으로 들어와야 점수가 인정됩니다.

그렇다면 만일 홈런을 친 선수가 1루나 2루, 혹은 3루를 실수로 밟지 않고 그냥 지나쳐서 홈으로 들어왔다면 어떻게 될까요?

그때는 '아웃'이 됩니다. 점수를 인정받지 못하는 것이지요. 왜냐하면 야구는 어떤 경우에라도 1, 2, 3루를 다 밟고 홈으로 들어와야만 점수를 인정받을 수 있는 경기니까요. 시험을 치지 않은 사람에게 점수를 주지 않는 것처럼, 하나라도 빼먹고 홈으로 들어오는 경우에는 점수를 인정받을 수 없어요.

우리가 꿈을 이루기 위해 성취해야 할 목표도 야구와 다를 것이 없습니다.

1차 목표, 2차 목표, 3차 목표 이렇게 여러 개의 작은 목표를 달성해야만 최종 목표에 도달할 수 있으니까요.

예를 들어서 100미터를 20초에 달리는 친구가 있습니다. 이 친구가

100미터를 15초에 달리겠다는 목표를 세운다면 어떻게 해야 할까요?

제일 먼저 19초로 달릴 수 있도록 연습해야 합니다. 그리고 18초, 17초와 같은 순서로 시간을 줄여 가야 하지요. 20초에서 한 번에 15초로 달리는 것은 거의 불가능한 일이기 때문입니다.

공부도 마찬가지입니다. 한자에 자신이 없던 친구가 갑자기 한자의 도사가 될 수는 없습니다. 한 글자씩 알아 가면서 점점 실력이 느는 것입니다.

그래서 운동을 하거나 공부를 하거나 꿈을 세워서 무엇인가를 이루려고 할 때는, 꿈을 이루기 위해서 거쳐 가야 할 중간 단계의 목표들을 잘 정해 놓아야 합니다. 다음 달에는 이 정도, 그 다음 달에는 조금 더 나은 정도……. 이렇게 중간 단계의 목표를 정해 두면 결국 홈에 들어오게 될 것입니다.

잊지 마세요. 홈런을 쳤다고 해도 1, 2, 3루를 모두 밟고 홈으로 들어와야 한다는 것을.

그렇다면 여러분이 가진 꿈에서 1, 2, 3루는 어디이며 무엇인가요?

베이브 루스 미국의 전설적인 야구 선수입니다. 미국에서 가장 훌륭한 야구 선수들이 시합하는 곳을 메이저 리그라고 하는데, 그 메이저 리그에서 22년 동안 선수로 활약하면서 홈런을 무려 714개나 쳤습니다. 이 기록은 후배 야구 선수들에 의해서 깨어졌지만 당시에는 아무도 넘볼 수 없는 엄청난 기록이었습니다. 그래서 세계의 야구 선수들은 베이브 루스를 영웅으로 생각하면서 열심히 야구를 하고 있습니다.

아빠의 응원 ❷

네 꿈의 1, 2, 3루를 정해 보렴

네가 찾아낸 꿈을 이루기 위해 어떤 일부터 해야 할까?

꿈을 하나만 갖고 있든, 여러 가지를 갖고 있든 네 꿈의 1, 2, 3루를 정하는 데 문제는 없단다. 꿈이 하나면 작은 목표를 정해서 하나씩 실천하면 되고, 꿈이 여러 개일 경우에는 이루고 싶은 대로 꿈의 순서를 정하고, 각 꿈에 대한 작은 목표를 정해서 실천하면 되니까.

그냥 아빠가 시키는 대로 하겠다고? 지금은 아빠가 시키는 대로 하는 게 더 편할 수도 있어. 하지만 지금 찾으려고 하는 꿈은 네 꿈이니까 스스로 생각하고 정하는 것이 좋을 것 같아.

만약 아빠가 시키는 대로 했는데, 생각보다 재미없거나 아무리 노력해도 별로 좋아지지 않으면 어떡하니? 물론 네가 꿈을 정하고 작은 목표를 정한 경우에도 똑같은 결과가 나올 수 있어. 하지만 속사정은 조금 다르단다.

아빠가 시키는 대로 했을 때는 새로 꿈을 정할 때 실패할 확률이 처음과 똑같아. 하지만 스스로 정한 경우에는, 한 번 실패해 봤기 때문에 어떤 것이 재미없고 어떤 것이 자신한테 맞지 않는지를 알고 있는 상태거든. 그러니까 새로운 꿈을 정하고 새로 1, 2, 3루를 정할 때는 실패할 확률이 그만큼 줄어드는 거지.

이제 꿈을 정하고 그 꿈을 이루기 위해 작은 목표 세우는 일을 왜 스스로 해 보라는 건지 알겠지?

가장 먼저 이루고 싶은 꿈부터 차례대로 적어 보자

1.
2.
3.
4.
5.
6.
7.
8.
9.
10.

꿈을 이루려면 어떤 것들을 준비해야 할까?

1.
2.
3.
4,
5.
6.
7.
8.
9.
10.

세 번째 명언 노트

내 꿈을 사람들에게 말하면 비웃을까 봐 겁나요. 특별한 사람만 꿈을 이룰 수 있나요?

현재 보이는 모습으로만 그를 대하면
그는 점점 나빠질 것이다.
하지만 미래에 될 수 있는 모습으로 그를 대한다면
그는 정말 위대한 사람이 될 것이다.

괴테

혹시 '피그말리온'이라는 이름을 들어 본 적이 있나요?
피그말리온은 그리스 신화에 나오는 키프로스의 왕이자 뛰어난 조각가입니다. 피그말리온은 세상 여자들을 모두 결점투성이라고 생각하여, 평생 결혼하지 않고 혼자 살기로 결심했습니다.
그러던 어느 날 그는 상아로 여성의 모습을 조각했는데, 완성된 작품이 너무나 정교하고 아름다워 넋을 놓고 보다가 이 여인상을 깊이 사랑하게 되었습니다. 그래서 고운 옷을 입히고 조개껍데기와 구슬 장식을 달아 주며 마치 살아 있는 사람처럼 소중하게 보살폈지요.
사랑의 여신인 아프로디테를 기리는 축제가 열리자, 피그말리온은

제단 앞에서 신에게 기도를 올렸습니다. 자신이 조각한 여인상과 같은 아내를 달라고 말이에요. 그 소원을 들은 아프로디테는 피그말리온의 정성에 감동해서 상아 여인상을 인간으로 변하게 하여 그의 소원을 이루어 줍니다.

이 이야기에서 따온 말이 '피그말리온 효과' 입니다. 기대하는 대로 사람을 대하면 그 사람이 정말 그렇게 되는 현상을 가리키는 말이지요.

친하게 지내고 싶은 친구가 있다고 합시다. 여러분은 그 친구와 가까워지려고 다정하게 웃고 말도 붙이면서 친한 것처럼 행동하겠지요? 그럴 때 여러분의 친구는 여러분에게 좋은 느낌을 받을 거예요. 그래서 결국 진짜 친한 사이가 될 수 있습니다. 이것도 피그말리온 효과라고 할 수 있어요.

피그말리온 효과에서 중요한 것은 믿음입니다. 상대방을 보면서 그가 훌륭한 사람이 될 것이라고 반드시 믿어야 합니다. 그래야 상대방도 그 믿음을 느끼고 그렇게 되려고 노력할 테니까요.

이것은 우리 자신에게도 적용됩니다. 자신을 꿈을 이룬 사람이라고 생각해 보세요. 그러면 스스로 위대한 사람이라는 생각이 들겠지요.

그런 생각을 오랫동안 반복하면 자신도 모르게 '나는 잘 될 거야.'라는 믿음이 생기게 됩니다.

자신을 믿는 사람보다 더 강한 사람은 없지요. 자신을 믿는 사람은 실수나 실패를 했어도 주저앉지 않고 다시 일어설 수 있습니다. 왜냐하면 오늘은 잠시 실수한 것뿐이니까요. 내일은 좀 더 잘 할 수 있으리라는 믿음이 있기 때문에 또 다시 꿈을 향해서 나아갈 수 있는 것입니다.

갓 태어난 사람의 모습은 참으로 나약하고 보잘것없습니다. 하지만 하루하루 지나면서 점점 잘할 수 있는 것이 많아집니다.

태어났을 때는 말도 하지 못하고 걷지도 못하지만, 점점 말을 하고 걸을 수 있게 되지요. 시간이 걸리기는 하지만 아이는 점점 어린이로 자라납니다. 그러다 차츰 뛰어다니고 학교에도 갑니다.

그런데 우리가 처음 태어났을 때의 모습으로만 아이를 대한다면 어떤 일이 일어날까요? '저 아이는 영원히 말도 하지 못하고 걷지도 못할 거야.'라고 생각하면 아이를 발전시키려는 노력도, 사랑하려는 노력도 하지 않게 될 것입니다. 그래서 괴테는 현재 보이는 모습으로만 그를 대하면 안 된다고 한 것입니다.

  대신 미래에 발전하게 될 그 사람의 모습을 상상하며 그 사람을 대하면, 그는 정말 꿈을 이룬 위대한 사람이 될 수 있습니다. 말도 하지 못하던 갓난아이가 커서 위대한 과학자가 되고, 나라를 빛내는 운동선수가 되고, 유명한 시인이 되는 것처럼 말입니다.

  여러분은 자신을 어떤 사람으로 대하고 있나요?

  지금의 나약한 모습이 아닌 미래에 꿈을 이룬 위대한 모습을 상상하며 자기 자신을 존중하고 있나요?

  스스로를 어떻게 대할지 생각해 보세요. 그리고 그 결정에 따라 자신을 위대한 사람으로 대해 보세요. 자신감이 생길 거예요.

괴테 독일의 유명한 문학가입니다. 그의 대표작 《파우스트》는 인간의 이중성을 잘 드러낸 것으로 유명한데, 그는 이 작품을 위해서 무려 50년 이상을 바쳤다고 합니다. 그 외에도 《젊은 베르테르의 슬픔》 등 여러 작품을 남겨 지금도 문학의 위대한 스승으로 존경받고 있습니다.

당신의 꿈을 얕보는 사람을 멀리하라. 소인배는 그렇다.
위대한 사람은 당신도 위대해질 수 있다고 느끼게 만든다.

마크 트웨인

지금으로부터 2천 년도 훨씬 전에 중국에는 공자라는 분이 살았습니다. 여러분도 들어 본 적이 있을 거예요. 공자님의 말과 행동을 기록한 《논어》라는 책이 있습니다. 공자님은 《논어》에서 친구와 사귐의 중요성에 대해서 특히 강조했습니다.

"그 사람을 알고 싶거든 그가 사귀는 친구를 보면 된다."라는 것이 대표적인 말입니다.

누군가를 알고 싶어도 속마음을 들여다볼 수 없기 때문에 그의 성격이나 인품을 알 길이 없지요. 그럴 때는 그 사람이 사귀고 있는 친구를 보면 된다는 것입니다. 사람은 자신과 비슷한 성격을 가진 사람

과 사귀는 경향이 있기 때문입니다.

　장난을 잘 치는 사람은 역시 장난을 좋아하는 사람과 친구가 됩니다.

　도서관에 자주 가는 사람은 도서관에서 친구를 사귑니다.

　책 읽기를 좋아하는 사람은 역시 책을 좋아하는 친구를 만납니다.

　컴퓨터 게임을 좋아하는 사람은 게임을 좋아하는 사람과 친하게 됩니다.

　이렇듯 우리는 비슷한 취미와 성격을 가진 사람을 가까이하게 됩니다. 그래서 그 사람을 알고 싶으면 친구를 보라고 한 것입니다.

　꿈도 마찬가지입니다. 비슷한 꿈을 가진 사람은 서로 친하게 되어 있습니다. 좋아하는 것이 비슷하고 관심 있는 것도 같기 때문입니다.

　그런데 어떤 사람들은 다른 사람의 꿈이나 목표를 어이없고 터무니없는 것이라면서 얕보기도 합니다. 다른 사람의 꿈도 소중하고 중요한 것인데 그것을 하찮게 생각하는 것은 좋지 못한 버릇이지요.

　그런 사람 중에는 자신의 꿈이 이루어지지 않을 것이라고 생각하는 사람이 많습니다. 자신의 꿈을 이루지 못할 것 같으니까 다른 사람의 꿈도 이루어지지 않았으면 좋겠다고 고약한 생각을 하는 것이지요.

　마크 트웨인은 이런 사람을 '소인배'라고 했습니다. 생각이 얕고

못난 사람이라는 뜻입니다. 다른 사람이 잘 되어서 크게 성공하기를 빌어 주는 것이 아니라, 내가 잘 안되었으니 너도 잘 안되어야 한다는 식으로 살아가는 사람들입니다. 이런 사람들을 가까이하면 어떤 일이 벌어질까요? 우리도 그 사람들처럼 소인배가 되어 버립니다. 그러므로 상대방의 꿈이나 목표를 비웃거나 좋지 않게 비꼬는 사람들을 가까이해서는 안 됩니다.

반면에 위대한 사람들은 다른 사람의 꿈과 목표를 격려하고 도와주려고 합니다. 꿈을 가지고 계획을 세우고 그것을 실천하는 일은 참으로 어렵고 힘들다는 것을 잘 알고 있기 때문입니다.

꿈을 이루려고 노력하는 사람에게는 많은 격려가 필요합니다. 주변 사람들의 도움이 있어야만 꿈과 목표를 이룰 수 있지요.

그래서 위대한 사람은 다른 사람이 꿈을 꼭 이루기를 바라며 격려하고 도와줍니다. 위대한 사람은 이렇게 다른 사람을 도와주면서 더 위대한 사람이 되어 갑니다.

지금 자신의 주위를 살펴보세요.

어떤 친구들을 가까이하고 있나요? 친구들에게 나의 꿈이나 목표에 대한 이야기를 들려준 적이 있나요? 친구들의 반응은 어떠했나요?

좋은 친구들은 격려와 응원을 보내 줄 테지만, 그렇지 못한 친구들은 좋지 못한 이야기들을 할 것입니다.

격려와 응원을 보내 주는 친구를 가까이하세요. 그러면 나의 꿈을 이루는 데 도움을 받을 수 있습니다. 그리고 나 또한 그 친구가 꿈을 이루는 것을 도울 수 있습니다.

좋은 친구는 꿈과 목표를 이룰 수 있게 잘 도와주는 역할을 합니다. 여러분도 좋은 친구를 만나 서로 꿈을 이루도록 도우면, 함께 위대한 사람이 될 수 있습니다.

마크 트웨인 미국의 유명한 소설가입니다. 《톰 소여의 모험》, 《허클베리 핀의 모험》 같은 유명한 책을 쓴 분이지요. 사람들의 마음속을 들여다보는 것 같은 독특한 표현으로 유명합니다. 노예 제도를 비판하고 모든 인간이 함께 행복할 수 있는 방법을 연구하며 평생을 글쓰기에 전념했습니다.

아빠의 응원 ❸

꿈을 갖고 있는 사람은 모두 특별하단다

인디언에 전해 내려오는 말 중에 "같은 말을 반복하면 반드시 그렇게 된다."는 것이 있단다. 생각이 쌓여서 입 밖으로 나온 것이 말이라고 생각하기 때문인가 봐. 아빠도 이 말이 맞는다고 생각해.

네가 꿈을 이루려면 가장 먼저 할 일은 사람들에게 "내 꿈은 ○○이다."라고 말하는 거야. 창피하고 유치하다고? 하지만 다른 사람한테 네 꿈을 말하는 것이 쑥스러울 뿐이지, 정말로 네 꿈이 창피하거나 유치하다고 생각하는 건 아니지?

꿈을 이룬 모습과 어떻게 꿈을 이룰 것인지를 계속 머릿속에 그려 본다면, 너도 미래에는 꿈을 이룬 사람이 되어 있을 거야.

아빠가 네 꿈을 당당하고 자신감 있게 사람들에게 공개할 방법을 알려 줄게.

1. 타임머신 타고 미래로 여행을 떠나자

지금부터 네 머릿속에 있는 타임머신을 타고 미래로 여행을 떠나 볼까? 눈을 감고 네가 꿈을 이룬 나이를 생각해 보는 거야. 15년이나 20년후 쯤 될까? 타임머신 여행이 끝났으면 미래의 네 모습을 글로 적어 보렴. 그림으로 그려도 좋아. 네 모습이 가장 잘 드러나도록 표현만 하면 돼.
그럼 아래의 몇 가지 사항에 주의해서 네 모습을 그려 보렴.
- 나는 20년 뒤에는 어떤 일을 하고 있을까?
- 지금부터 꿈을 이루기 위해 어떤 노력을 하면 좋을까?

- 그 일을 재미있게 할 수 있나?
- 그 일을 하면서 나는 행복한가?
- 그 일을 하면 나와 다른 사람이 모두 행복한가?
- 그 꿈을 꼭 이루고 싶은 이유는 무엇일까?

2. 미래의 내 명함을 만들어 보자

글이나 그림으로 그려 본 미래의 네 모습을 명함으로 만들어 보자.
명함에 적힐 회사 이름이나 직위를 적어 보자. 미래의 명함이니까 나를 한 마디로 표현할 수 있는 문장도 있을 거야. 예를 들면, "당신을 행복하게 해 드립니다."와 같이 말이야.
마지막으로 명함에 내 모습을 그려 넣자. 만화처럼 그려도 좋고, 사진과 똑같이 그려도 좋아. 어때 벌써 꿈을 이룬 것 같지 않니?

네 번째 명언 노트

내가 정말 꿈을 이룰수 있을까요?
내 꿈을 이루려면
　　　무엇부터 시작해야 하나요?

평생의 계획은 어릴 때 세우고,
일 년의 계획은 봄에 세우며,
하루의 계획은 새벽에 세운다.

공자

목표를 이루려면 반드시 계획을 세워야 합니다. 계획을 세우지 않으면 어디서부터 시작해야 할지 알 수 없기 때문이지요.

그렇다면 계획은 언제 세우는 것이 좋을까요?

바로 '지금' 입니다.

여러분이 목표를 가지고 있다면 바로 지금 그것을 실현하기 위한 계획을 세워야 합니다. 나중에 하겠다거나 내일 하겠다고 미루면 늦습니다. 지금 하지 않으면 안 되는 것이 바로 계획을 세우는 일입니다.

공자님은 평생의 계획은 어릴 때 세워야 한다고 말했습니다. 계획을 세우는 것은 빠를수록 좋다는 뜻이지요. 계획을 빨리 세워야 실천

도 빨리 할 수 있습니다. 그래서 평생의 계획은 어릴 때 세우라고 한 것입니다.

일 년의 계획을 봄에 세우라고 한 것은 농사를 짓는 것과 관련이 있습니다. 옛날에는 농사가 모든 생활의 중심이었습니다. 농사는 추운 겨울에는 지을 수가 없습니다. 봄이 되어야 비로소 모내기를 할 수 있지요. 그래서 옛날 사람들은 봄을 일 년의 시작이라고 생각했습니다.

봄은 또한 새싹이 나고 겨울잠을 자던 개구리가 뛰쳐나오는 계절입니다. 지구에 있는 생물이 겨울에 아껴 두었던 힘을 밖으로 토해 내면서 비로소 새로운 삶을 시작하는 때이지요. 그래서 봄은 두꺼운 땅을 뚫고 올라오는 새싹처럼 무엇인가를 시작하기에 좋은 계절입니다.

하루의 계획은 새벽에 세우라고 했습니다. 하루의 계획도 평생의 계획과 마찬가지로 일찍 세울수록 그것을 실천할 시간이 많아지지요. 그래서 새벽에 세우라고 한 것입니다. 게다가 새벽에는 방해하는 사람도 없고 시끄러운 자동차 소리도 들리지 않아 아주 조용합니다.

이렇게 조용한 시간을 이용해서 하루 계획을 세우면 매우 효과적이겠지요. 그러려면 좀 일찍 일어나야 합니다. 서양 속담에 일찍 일어나

는 새가 벌레를 잡는다고 했습니다. 일찍 일어나는 부지런한 새가 많은 먹이를 잡을 수 있다는 뜻입니다. 하루를 빨리 시작할수록 할 수 있는 것도 많아집니다.

　이제 아침에 조금만 일찍 일어나 보세요. 하루가 훨씬 알차고 길어질 것입니다.

　계획에는 장기 계획과 단기 계획이 있습니다.

　평생의 계획은 오랜 시간이 걸리는 일이니까 장기 계획이라고 할 수 있겠지요. 반면에 일주일의 계획이나 하루의 계획은 짧은 시간을 다루는 것이니까 단기 계획이라고 할 수 있습니다.

　그렇다면 일 년의 계획은 어디에 속할까요? 계획을 세우는 사람에 따라 차이가 있지만 장기 계획에 가깝다고 할 수 있습니다.

　계획을 세울 때는 장기 계획을 먼저 세워야 합니다. 평생의 목적에 맞게 장기 계획을 세우고 난 후에 단기 계획을 세웁니다.

　한 해가 시작될 때 내가 하고 싶은 일의 목표를 정했다면 일 년 계획부터 세워야 합니다. 그리고 일 년 계획은 다시 월 계획으로 나누어서 세워야 합니다. 그런 다음 월 계획은 주 계획으로, 주 계획은 일 계획으로 잘게 나눕니다. 이렇게 하면 오늘 내가 무엇을 해야 할지 구체적으로 알 수 있습니다.

 지금 시간을 내서 장기 계획을 세워 보세요. 그리고 그 계획을 실천할 수 있도록 단기 계획도 세워 보세요.

공자 지금으로부터 2,500년쯤 전 중국에 살았던 유명한 사상가입니다. 오랫동안 공부에 전념하여 자신만의 독특한 학문을 이루었고, 수많은 제자와 함께 세상을 떠돌면서 지혜를 나누어 주었습니다. 그의 생각은 《논어》라는 책에 잘 정리되어 있으며, 그를 따르던 많은 제자가 학문을 펼쳐 유교의 시조가 되었습니다.

지금 당장 시행하는 계획이
다음 주에 시행할 완벽한 계획보다 낫다.

조지 패튼

옛날에 계획을 아주 잘 세우기로 유명한 사람이 있었습니다. 그는 다른 사람의 계획을 대신 세워 주는 것을 좋아했는데, 하루는 그의 친구가 찾아와서 과거 시험에 급제를 하고 싶으니 계획을 세워 달라고 했습니다.

친구의 부탁을 받은 그는 친구가 과거에 합격할 수 있도록 아주 상세하게 계획을 세워 나갔습니다. 그런데 계획을 너무 자세하게 세우려다 보니 시간이 여간 많이 걸리는 것이 아니었습니다. 그 사람은 계획을 아주 정확하고 확실하게 세워야 실패가 없다고 생각했기 때문에 조금만 계획이 허술해도 그냥 넘어가지를 못했거든요.

그렇게 시간은 하루 이틀 사흘 지나서 한 달이 넘게 흘러갔습니다. 친구가 계획을 세워 줄 것이라고 믿고 기다리던 사람은 조바심이 났습니다. 과거 시험이 두 달밖에 남지 않았기 때문입니다.

그는 친구에게 달려가서 언제 계획이 완성되는지 물었습니다. 그랬더니 친구는 단번에 합격하려면 완벽한 계획을 짜야 한다면서 시간이 더 걸릴 것 같다고 말했습니다. 계획을 부탁한 사람은 답답했지만 조금만 더 참아 보기로 했습니다.

그리고 또 한 달이 지났습니다. 과거 시험은 이제 한 달밖에 남지 않았습니다. 참다못한 친구가 계획을 세우고 있는 친구에게 찾아가서 따지듯이 물었습니다.

"도대체 자네의 그 완벽한 계획은 언제쯤 완성되는 건가?"

"이보게 친구, 너무 조바심 내지 말게. 완벽한 계획이라야 확실하게 합격할 게 아닌가. 조금만 더 기다려 보게."

더 기다리라는 친구의 말에 어이가 없어진 사람은 친구에게 이렇게 말하고 떠나 버렸습니다.

"자네처럼 완벽한 계획만 세우고 실천하지 않는 사람하고는 더 이상 친구가 되고 싶지 않네. 그렇게 완벽하게 계획만 세울 시간에 차라

리 과거 시험공부를 시작하는 것이 훨씬 낫지 않겠는가!"

　계획을 세우는 것은 좋은 일입니다. 하지만 완벽한 계획을 세우느라 너무 많은 시간을 소모하는 것은 좋지 않습니다. 좋은 계획이란 제대로 실천할 수 있도록 도와주는 계획을 말합니다. 그리고 지금은 완벽하지 않아도 실천하면서 조금씩 바꾸어 가다 보면 차츰 완벽한 계획이 되어 갑니다. 완벽한 계획은 실천하면서 만들어 가는 것입니다.
　아무리 좋은 계획도 실천하지 않으면 아무 소용이 없지요. 목표를 성취할 수 있게 해 주는 실천 가능한 계획이야말로 좋은 계획이라고 할 수 있습니다.
　그렇다면 좋은 계획은 어떻게 세워야 할까요?
　먼저 목표를 생각하면서 계획을 세워야 합니다. 목표에 맞게 계획이 따라야 한다는 뜻입니다. 어떤 일을 해야 하는데, 1년 동안 하루에 잠을 3시간만 자야 목표에 도달할 수 있다면, 몸과 마음이 지쳐서 그 계획을 실패할 거예요. 계획을 처음 세울 때는 언제까지 어떤 일을 하면 목표에 도달하는지 알아낸 다음, 하루에 그 일의 양을 맞출 수 있는 적당한 시간을 계산하면 됩니다.
　계획은 실천하면서 조금씩 바꾸어 가야 합니다. 계획할 때의 생각과 실천할 때의 상황은 얼마든지 다를 수 있기 때문입니다. 막상 실천하려고 하면 계획했던 것보다 시간이 더 많이 걸리거나 더 적게 걸리는 경우가 있습니다.

 이럴 때는 실천하는 데 필요한 시간을 적절히 조절하면서 계획을 변경해야 합니다. 그렇지 않으면 너무 많은 시간을 투자해서 지루해지거나, 투자한 시간이 부족해서 목표를 달성할 수 없기 때문입니다.

 언제 실천할 것인지 결정하는 것도 실천하면서 바꾸어 나가야 합니다. 아침에 책을 읽으려고 계획을 세웠는데 갑자기 더 중요한 일이 생기는 경우도 있기 때문입니다. 그러면 더 중요한 일을 아침에 하고 책 읽는 일은 학교에 다녀와서 하는 것으로 계획을 바꾸어야겠지요.

 중요한 것은, 그러는 동안 계획이 뜻대로 되지 않는다고 실망하지 말라는 것입니다. 오늘 계획에 따라 행동하지 못했다고 해서 지나치게 실망하면 목표를 이루려는 의욕마저 잃습니다. 그러면 계획 전체를 실패하고 말지요. 오늘은 못했지만 내일은 더 잘할 수 있다는 마음으로 각오를 다져야 합니다. 그러다 보면 점점 계획에 맞춰 실천할 수 있게 될 것입니다.

조지 패튼 제2차 세계 대전 당시 미국의 유명한 장군입니다. 그는 탱크 부대를 이끌고 독일군을 연속으로 격파하면서 작전의 명수가 되었습니다. 엄격하게 규칙을 정하여 지켰으며, 희생 정신이 강한 훌륭한 군인이었습니다. 연합군이 제2차 세계 대전에서 승리하는 데 큰 역할을 했습니다.

아빠의 응원 ❹

계획을 세워 보면 알 수 있지

꿈을 이루기 위해 필요한 작은 목표도 정했고, 꿈을 이룬 모습도 연습해 봤다면, 이번엔 꿈을 이루기 위해 구체적으로 무엇을 실천할 것인가 알아보자.

이럴 땐 계획을 세우면 내가 무엇을 실천해야 하는지, 그중에서 가장 먼저 시작할 것이 무엇인지 꼼꼼하게 준비할 수 있단다.

처음 계획을 세울 땐 생각하지 못했지만, 계획을 실천하다 보면 깜빡 잊고 빠트린 것도 체크해 볼 수 있지.

계획을 구체적으로 세울수록 성공할 가능성이 높아지고, 성공할 가능성이 높을수록 네 꿈이 더 가까워진단다.

하지만 계획을 세우느라 너무 많이 시간을 보내지는 않기 바란다. 계획을 실천에 옮기면서 생각지 못했던 문제도 생기거든. 처음부터 완전한 계획은 없어. 문제가 생긴 조금 부족한 계획이더라도 네가 고쳐서 차근차근 실천하면서 완벽하게 만들어 가는 거야.

그럼, 네 꿈을 이루기 위한 계획을 세워 볼까?

올해의 목표 : _____

	1월 ....
	2월 ....
	3월 ....
	4월 ....
월별로 실천할 내용	5월 ....
	6월 ....
	7월 ....
	8월 ....
	9월 ....
	10월 ....
	11월 ....
	12월 ....

다섯 번째 명언 노트

계획을 세우고 나니,
할 일이 너무 많아요.
내가 잘해낼 수 있을까요?

하늘의 별을 계속해서 바라보되
발은 늘 땅에 딛고 서야 한다는 사실을 잊어서는 안 된다.

테오도어 루즈벨트

꿈을 이루기 위해서는 무엇을 해야 할까요?

당연히 꿈에서 눈을 떼지 말아야 합니다. 꿈에서 눈을 떼면 꿈이 멀리 있는 것처럼 느껴져서 점점 꿈을 잊게 됩니다. 그러면 꿈을 이루려는 노력을 하지 않게 되지요. 꿈에서 눈을 떼지 말아야 한다는 것은 항상 꿈을 생각하면서 살아야 한다는 말과 같습니다.

그런데 꿈을 이루려면 꿈에서 눈을 떼지 않는 것 말고도 중요한 것이 또 하나 있습니다. 그것은 바로 지금 내가 할 수 있는 것에 집중하는 것입니다.

아인슈타인 같은 훌륭한 과학자가 되겠다는 꿈이 있더라도, 노력은

하지 않고 상상만 하고 있으면 아무 소용이 없습니다. 과학자가 되는 데 필요한 노력을 해야지요.

그런데 과학자가 되려면 어떤 노력을 해야 할까요? 물론 과학 공부를 해야겠지요.

하지만 그것보다 더 중요한 것은 항상 '왜 그럴까?' 하고 생각하는 습관을 들이는 것입니다.

'왜 그럴까?' 하고 생각하는 사람은 궁금증이 많은 사람입니다. 호기심도 많습니다. '왜 그럴까?' 하고 생각하는 사람은 세상에 궁금한 것이 많기 때문에 호기심을 풀어야 직성이 풀립니다. 그래서 그 문제가 풀릴 때까지 노력을 아끼지 않습니다.

"왜 개미는 줄을 지어서 다닐까?"

"왜 사람은 나이가 드는 걸까?

"왜 아이들은 궁금한 것이 많을까?"

이렇게 호기심을 가지고 질문을 하다 보면 자신도 모르게 답을 찾아내게 됩니다. 사전도 찾아보고, 선생님이나 부모님께 물어보고, 답을 알아내려고 인터넷도 검색합니다. 그러면서 점점 아는 것이 많아지고, 배우는 것이 재미있다는 사실을 깨닫게 되지요.

'왜 그럴까?'라고 질문하면서 답을 찾아내는 노력을 오랫동안 계속하다 보면 자신도 모르게 어느새 과학자가 되어 있을 것입니다. 이것은 머릿속으로만 과학자가 되겠다고 생각해서는 절대 불가능한 일입니다.

이제 여러분의 꿈을 적어 보세요. 그리고 꿈을 이루기 위해 내가 지금 할 일은 무엇일까 생각해 보세요.

박지성 선수 같은 축구 선수가 되고 싶으면 무엇을 해야 할까요? 김연아 선수 같은 최고의 피겨 스케이팅 선수가 되려면 무엇을 해야 할까요? 반기문 유엔 사무총장님 같은 세계적인 인물이 되려면 무엇을 해야 할까요? 여러분의 선생님처럼 학생들에게 지식과 사랑을 나누어 주는 사람이 되려면 무엇을 해야 할까요?

이런 질문에 답을 적어 보는 것은 지금 여러분이 할 행동이 무엇인지 아는 데 큰 도움이 됩니다. 무엇을 해야 하는지 아는 사람과 모르는 사람은 나중에 전혀 다른 결과를 얻습니다. 한 사람은 꿈을 실천하는 사람이고 다른 사람은 그냥 꿈만 꾸는 사람이기 때문입니다.

여러분은 꿈과 소원의 차이를 알고 있나요?

꿈은 목표로 이어질 수 있는 구체적인 것입니다. 하지만 소원은 자세하지 않고 마치 뜬구름같이 희미한 것입니다.

'나는 김연아 선수 같은 피겨 스케이팅 선수가 될 거야.' 하는 것은 꿈이고, '나는 좋은 운동선수가 될 거야.' 하고 말하는 것은 소원이라고 생각하면 됩니다.

　꿈은 또한 언제까지 하겠다는 기간을 정해 놓은 것이지만, 소원은 언제까지 하겠다는 기간을 정해 두지 않은 것입니다.

　'나는 초등학교를 졸업하기 전에 책을 백 권 읽겠다.' 라는 것은 시간을 정해 둔 꿈이라고 할 수 있습니다. 하지만 '나는 책을 백 권 읽을 거야.' 라고 하는 것은 시간을 정해 두지 않은 소원입니다.

　꿈에서 시간이 왜 중요하냐고요? 시간을 정해 두지 않으면 내일 해도 되고 모레 해도 되기 때문에 열심히 노력하지 않게 됩니다. 그래서 모든 일은 언제까지 그것을 할지 시간을 정해 두는 것이 중요합니다.

　여러분이 가진 꿈을 언제까지 이룰 것인지 생각해 보기 바랍니다.

테오도어 루즈벨트 미국의 제26대 대통령입니다. 대기업의 독과점을 규제하는 법을 만들기도 하고, 러시아와 일본의 전쟁을 마무리 짓는 공을 세우기도 했습니다. 그래서 미국 대통령 최초로 노벨 평화상을 받았지요.

다리를 움직이지 않고는 좁은 도랑도 건널 수 없다.

알랭

우리나라 속담에 '천 리 길도 한 걸음부터'라는 말이 있습니다.

천 리 길은 부산에서 서울까지의 거리라고 생각하면 됩니다. 아주 먼 길이지요. 이 천 리 길을 가기 위해서는 가장 먼저 한 걸음을 걸어야 합니다. 한 걸음을 걷고 다시 한 걸음을 걷고……. 이렇게 한 걸음씩 걷다 보면 어느새 천 리 길을 갈 수 있게 됩니다.

그래서 한 걸음을 내딛는 것이 중요한 것입니다. 천 리 길이 멀다는 생각만 하고 있으면 어떤 일이 일어날까요? 아무 일도 일어나지 않습니다. 그냥 그 자리에 머물러 있는 것이지요. 하지만 멀다는 생각을 버리고 한 걸음 발을 내딛으면 어떻게 될까요? 이미 목표에 한 발 다

가가 있는 것입니다. 거기에 또 한 발을 내딛으면 조금 더 목표에 가까워집니다. 이렇게 우리는 한 발자국씩 앞으로 내딛을 때마다 목적지에 가까이 가게 됩니다.

프랑스의 철학자 알랭이 "다리를 움직이지 않고는 좁은 도랑도 건널 수 없다."라고 말한 이유도 행동의 중요성을 강조하기 위해서입니다.

아주 작은 도랑이 있다고 생각해 봅시다. 두세 발자국만 걸으면 건널 수 있습니다. 하지만 이 좁은 도랑을 건너기 위해서는 다리를 움직여야 합니다. 가만히 있어서는 아무 일도 일어나지 않지요. 세상의 모든 것이 다 마찬가지입니다.

여러분은 오늘 할 일이 아주 많습니다.

선생님이 숙제를 내 주셨고, 친구들과 만나기로 약속도 했습니다. 엄마랑 서점도 가야 하고, 아빠가 사 주신 책도 읽어야 합니다.

이렇게 많은 일을 다 할 수 있는 방법은 무엇일까요?

답은 간단합니다. 바로 하나씩 차근차근 하는 것입니다.

할 일이 많다고 걱정만 하고 있으면 아무것도 변하지 않습니다.

하나하나 조금씩 하다 보면 어느덧 다 할 수 있게 됩니다. 이것이 바로 행동의 힘입니다. 행동은 불가능한 것을 가능하게 만드는 만능 열쇠 같은 것입니다.

책을 읽을 때도 마찬가지입니다. 한 쪽씩 차근차근 읽다 보면 어느새 한 권을 다 읽게 되지요. 그래서 한 쪽을 읽는 그 작은 행동이 중요한 것입니다.

할 일이 많을 때는 하나씩 행동하는 습관을 들여 보세요. 하나씩 하다 보면 '언제 이만큼이나 했지?' 하고 놀라는 순간이 있을 겁니다. 그리고 할 일을 항상 수첩에 기록하는 습관을 들여 보세요. 그러면 무엇을 해야 하는지 정확하게 알 수 있고 그것을 했는지 안 했는지 확인할 수 있습니다.

다음과 같이 해야 하는 일들의 목록을 수첩에 쭉 적습니다.

그리고 그 일을 했을 때는 옆에 괄호를 치고 × 표시를 해 둡니다.

숙제하기
아빠랑 서점 가기 (×)
명수에게 전화하기 (×)

이렇게 하면 내가 무엇을 했고 무엇을 하지 않았는지 확실히 알 수 있지요. 그러면 앞으로 내가 할 일이 무엇인지도 알 수 있습니다.

잊지 마세요. 행동은 작은 도랑을 건널 때에도, 나의 꿈을 이루기 위해서도 반드시 필요합니다. 그리고 행동을 잘하기 위해서는 무엇을 해야 하는지 매일 기록하는 것이 가장 좋은 방법입니다.

알랭 프랑스의 철학자입니다. 아름답고 멋지게 글을 잘 써서 많은 사람으로부터 존경을 받았습니다. 제1차 세계 대전이 일어날 것을 예견했고 전쟁을 반대했습니다. 하지만 전쟁이 일어나자 자원 입대해서 진급도 거절하고 일반 병사로 전쟁을 치렀습니다. 전쟁 후에는 학교로 돌아가서 평생 제자들을 가르치며 살았습니다.

아빠의 응원 ❺

오늘부터 하나씩 실천하기만 하면 돼

　이제까지 너는 미래의 꿈을 정하고, 그 꿈의 1, 2, 3루라는 작은 목표를 세우고 계획을 세웠어. 너는 그 꿈을 이루기 위해 지금 무엇을 하고 있니?
　혹시 준비할 것이 많다고 지레 낙담하지는 않았니? 아직 시간이 많이 남았다고 '꿈을 위한 노력은 내일부터 해야지.'라며 할 일을 미루고 있지는 않니?
　아주 작은 것이라도 오늘부터 하나씩 실천해 나가는 것이 중요해.
　네가 세운 올해의 목표와 월별로 실천할 내용을 계획한 표를 잘 살펴보고 오늘 할 일을 정해 보자. 구체적으로 할 일이 잘 떠오르지 않으면 아빠한테 물어보거나 언니, 엄마한테 물어도 좋아.
　할 일을 모두 적었으면 오늘부터 하나씩 실천해 나가는 거야.
　지금은 하루 이틀 실천한 것을 돌아보고 아직도 '이것밖에 못 했네.' 하고 조바심이 나겠지만, 일주일, 한 달, 일 년이 지나면 '언제 내가 이만큼이나 실천했지?' 하는 순간이 분명 올 거야.
　아빠 말 믿지? 천 리 길은 한 걸음부터, 미래의 꿈은 오늘부터 내가 실천한 것에서 시작된단다.

나의 꿈을 이루기 위한 실천 계획표

나의 목표 : ....

준비할 일	실천 표시
	1 2 3 4 5 6 7 8 9 10 11 12 13 14 15
	16 17 18 19 20 21 22 23 24 25 26 27 28 29 30

여섯 번째 명언 노트

꿈을 이루기 위해 공부를 시작했는데,
자꾸 부족하다는 생각이 들어요.
뭐든지 처음부터 잘할 수 있는 비법이 있으면 좋겠어요.

고기는 씹을수록 맛이 난다.
그리고 책도 읽을수록 맛이 난다.
다시 읽으면서 처음에 지나쳤던 것을 발견하고
새롭게 생각하게 된다.
말하자면 백 번 읽고 백 번 익히는 셈이다.

세종 대왕

무엇이든 처음부터 잘하는 사람은 없습니다.

모든 사람은 아기로 태어납니다. 아기는 할 수 있는 것이 거의 없습니다. 잘 걷지도 못하고 말도 하지 못합니다. 뭔가 불편하면 그저 울 뿐이지요.

사람은 이렇게 아무것도 할 수 없는 아기로 태어나지만, 자라면서 점점 잘할 수 있는 것이 생깁니다. 연습을 통해서 말입니다.

아기가 태어나서 처음 걷게 되기까지 약 일 년이라는 시간이 걸립니다. 그리고 그 일 년 동안 아기는 섰다가 넘어지기를 수없이 반복합니다.

주변에 아기가 있다면 잘 살펴보세요. 아기는 일어서고 넘어지고 다시 일어서기를 셀 수 없이 많이 반복합니다. 걷다가 넘어져서 울기도 하고 무릎을 다치기도 합니다. 하지만 아기는 일어서서 걷는 연습을 멈추지 않습니다. 걷고 싶기 때문입니다.

그리고 결국 아기는 혼자 걸을 수 있게 됩니다. 연습을 반복하며 수없이 넘어지고 다친 결과, 스스로 걸을 수 있는 사람이 된 것입니다. 걷는 것도 이렇게 수많은 연습이 필요한데 다른 일은 말해서 무엇하겠습니까.

꿈을 이루는 일도 수많은 연습과 훈련이 필요합니다. 꿈을 이루는 일은 걷는 것보다 훨씬 어려워서 많은 사람이 도중에 포기합니다. 그래서 진정한 행복이 무엇인지 잘 알지 못하고 세상을 마치고 맙니다.

세종 대왕은 우리나라 임금님 중에서도 책을 가장 많이 읽은 분으로 유명합니다. 얼마나 책을 좋아했는지 책을 읽다가 눈병을 얻어서 책을 읽지 못하게 되는 일도 자주 있었다고 합니다. 눈병을 얻은 와중에도 책을 손에서 놓지 않자, 세종 대왕의 아버님이 책을 모두 치워 버렸다고 합니다. 하지만 세종 대왕은 병풍 뒤에 몰래 책을 숨겨 두었

다가 아버님이 보지 않을 때 찾아서 읽곤 했습니다.

유별난 독서광이었던 세종 대왕은 아주 독특한 독서법을 가지고 있었습니다.

그것은 바로 "백 번 읽고 백 번 익힌다." 입니다.

책을 읽을 때 한 번 읽어서는 무슨 말인지 잘 모르는 경우가 많습니다. 안다고 해도 자세히 아는 것이 아니라 대충 아는 경우가 많고, 그것마저도 며칠 지나면 잘 기억나지 않습니다.

하지만 세종 대왕은 한 권의 책을 백 번씩 읽었기 때문에 그 내용을 모두 기억할 수 있었습니다. 단지 기억만 하는 정도가 아니라 책의 내용을 생활 속에서 실천할 수 있었습니다. 이것은 모두 책을 반복해서 읽은 노력의 결과였습니다.

우리의 꿈도 책을 읽는 것과 다르지 않습니다.

한 번 읽고 며칠 지나면 책의 내용이 잘 생각나지 않듯이, 우리가 꿈을 이루기 위해서 필요한 행동을 했다고 해도 금세 결과가 나타나지는 않습니다. 한 권의 책을 백 번 읽듯이 필요한 행동을 무수히 반복할 때 꿈도 가까이 다가오는 것입니다.

한두 번 행동해 보고 결과가 안 나왔다고 해서 결코 포기해서는 안 되는 이유가 바로 여기에 있습니다. 계속 반복하다 보면 좋은 결과가 나오기 때문입니다.

혹시 재능이 없다는 생각이 들거나 힘들어서 포기하고 싶더라도 결코 그만두지 마세요. 왜냐하면 여러분은 걷지도 못하는 아기로 태어나 걷고 뛸 수 있게 된 사람들이니까요. 여러분이 꿈꾸는 일들도 처음에는 너무 멀리 있는 것 같겠지만 반복하다 보면 점점 현실이 될 수 있습니다.

문제는 세종 대왕처럼 백 번을 반복하고 끊임없이 노력할 수 있느냐 하는 것입니다.

'나는 재능이 없어.'

'내 꿈은 실현이 불가능한 것인가 봐.'

이런 말들은 노력하는 것이 힘들어서 포기하고 싶은 사람이 하는 변명입니다. 변명하는 사람보다는 끊임없이 도전하는 사람이 되어 보세요. 그러면 꿈은 정말 우리 앞에 성큼 다가온답니다.

세종 대왕 조선의 제4대 임금님으로, 문물을 정비하고 통치의 기반을 확립하여 민족 문화를 창달한 분입니다. 지금 우리가 사용하는 한글을 만들어 백성이 쉽게 사용할 수 있도록 했으며, 장영실과 같은 인재를 등용하여 측우기 등 과학 기술의 발전에 크게 기여했습니다. 그 외에도 집현전 학자들을 통해 생활에 도움이 되는 책을 많이 남겼고 스스로도 책을 많이 읽기로 유명하였습니다.

지금 자면 꿈을 꾸지만 지금 공부하면 꿈을 이룬다.

반기문

　우리나라 사람 중에는 세계에 널리 이름을 떨쳐 한국인으로서 자부심을 느끼게 해 주는 사람들이 있습니다.
　축구에는 박지성 선수가 있고, 피겨 스케이팅에는 김연아 선수가 있고, 수영에는 박태환 선수가 있습니다. 그리고 한국인으로서는 유일하게 노벨 평화상을 수상한 고 김대중 전 대통령도 있습니다.
　또한 유엔(UN)이라는 세계적으로 아주 중요한 기구에서 일하고 있는 분도 있습니다. 바로 반기문 유엔 사무총장님입니다.
　유엔이 무슨 일을 하는 곳인지 알고 있나요? 유엔은 세계 평화를 지키고 국제적인 문제들을 해결하려고 세계 여러 나라가 모인 단체입

니다. 이 단체의 핵심적인 일을 처리하는 사람이 바로 유엔 사무총장이고요. 이렇게 중요한 유엔 사무총장이라는 자리에 우리나라 인물이 선출되었다는 것은 매우 자랑스러운 일입니다.

반기문 유엔 사무총장님은 인터뷰에서 "지금 자면 꿈을 꾸지만 지금 공부하면 꿈을 이룬다."라는 말을 했습니다.
'꿈'이라는 말에는 두 가지 이상의 뜻이 있습니다.
첫 번째는 우리가 자면서 꾸는 꿈이고, 두 번째는 미래에 이루고 싶은 큰 목표 같은 것입니다.
'지금 자면 꿈을 꾸지만'에서 꿈은 우리가 자면서 꾸는 꿈을 말합니다. '지금 공부하면 꿈을 이룬다.'에서 꿈은 우리가 목표로 하는 것을 말합니다. 재미있는 표현이지요.
반기문 사무총장님은 이 말을 통해서 노력의 중요성을 강조한 것입니다. 지금 잠을 자면 꿈꾸는 것으로 끝나지만, 졸음을 이겨 내며 공부하고 노력하면 자신이 목표하던 바를 이룰 수 있습니다.
이것은 그분이 꿈을 이루기 위해서 노력했기 때문에 할 수 있는 말입니다.

외교관이 되려면 공부를 엄청나게 해야 합니다. 법학, 외교학, 정치학은 물론이고 외국어에도 능통해야 합니다.

반기문 사무총장님이 얼마나 열심히 공부했을지 충분히 알 수 있겠지요? 그분은 꿈을 이루기 위해서 잠자는 대신 공부를 했습니다. 여러분은 자신의 꿈을 이루기 위해 얼마나 열심히 노력하고 있나요?

반기문 유엔 사무총장입니다. 대한민국의 외교 통상부 장관을 지냈으며, 평생 외교관으로 일했습니다. 그가 외교관의 꿈을 가지게 된 것은 미국에서 우연히 존 F. 케네디 대통령을 만났을 때라고 합니다. 한 나라를 대표해서 다른 외국 대표들을 만나는 일이 엄청나게 중요하다는 사실을 알게 되었기 때문입니다. 그 후 자신의 꿈을 이루려고 열심히 노력했고 어학 공부도 열심히 해서, 영어는 물론 프랑스 어, 독일어, 일본어에도 능통하다고 합니다.

아빠의 응원 ❻

내일 더 잘하리란 믿음이 바로 비법이야

　책이나 텔레비전에서 꿈을 이룬 사람들의 이야기를 들으면 정말 멋지지? 나도 빨리 꿈을 이뤄서 저렇게 멋진 사람이 되고 싶기도 하고 말이야. 그런데 뭐든지 하루아침에 잘하는 사람은 없단다. 매일매일 조금씩 노력하고 작은 것을 성공하고, 그것을 잘하게 되면서 결국 최고로 잘하는 사람이 되는 거지.

　네가 태어나자마자 달리고, 말을 할 수 있게 된 것이 아니라 매일매일 조금씩 자라난 것처럼, 꿈도 하루아침에 짠~ 하고 저절로 이루어지는 것이 아니란다. 꿈도 네 몸과 같이 매일매일 조금씩 키워 가는 거야. 그러려면 너도 열심히 노력해야겠지?

　그런데 할 일이 너무 많아서 시작도 하기 전에 걱정이 된다고? 걱정하기 전에 네가 얼마나 대단한 사람인지부터 알려 줄게. 네가 잘하는 것들을 써 봐. 아주 시시한 것이라고 생각하는 것이라도 좋아. 그리고 그 옆에 잘 하지는 못했지만 혼자서 해낸 일들을 적어 보렴.

　어때? 너는 잘하는 일도 아주 많고, 절대 못 할 것 같던 일도 성공한 대단한 사람이란 걸 알 수 있겠지? 아마 다음번에 하면 잘하는 일은 더 잘하게 될 거고, 다음번에 도전하는 일은 훨씬 멋지게 성공할 수 있을 거야. 내일은 오늘보다 조금 더 잘할 거라 믿고 열심히 노력해 보자.

내가 잘하는 것들

예) 노래 부르기, 동생과 사이좋게 놀기, 엄마 심부름 등.

1.
2.
3.
4.
5.
6.
7.
8.
9.
10.

내가 성공한 일들

예) 아침에 스스로 일어나기, 하루 게임 시간을 잘 지키기, 친구네 집에서 우리 집까지 혼자 길 찾아 가기

1.
2.
3.
4.
5.
6.
7.
8.
9.
10.

일곱 번째 명언 노트

아무리 노력해도 발전하는 것 같지 않고 힘들어요. 포기하고 싶을 때는 어떡하면 좋을까요?

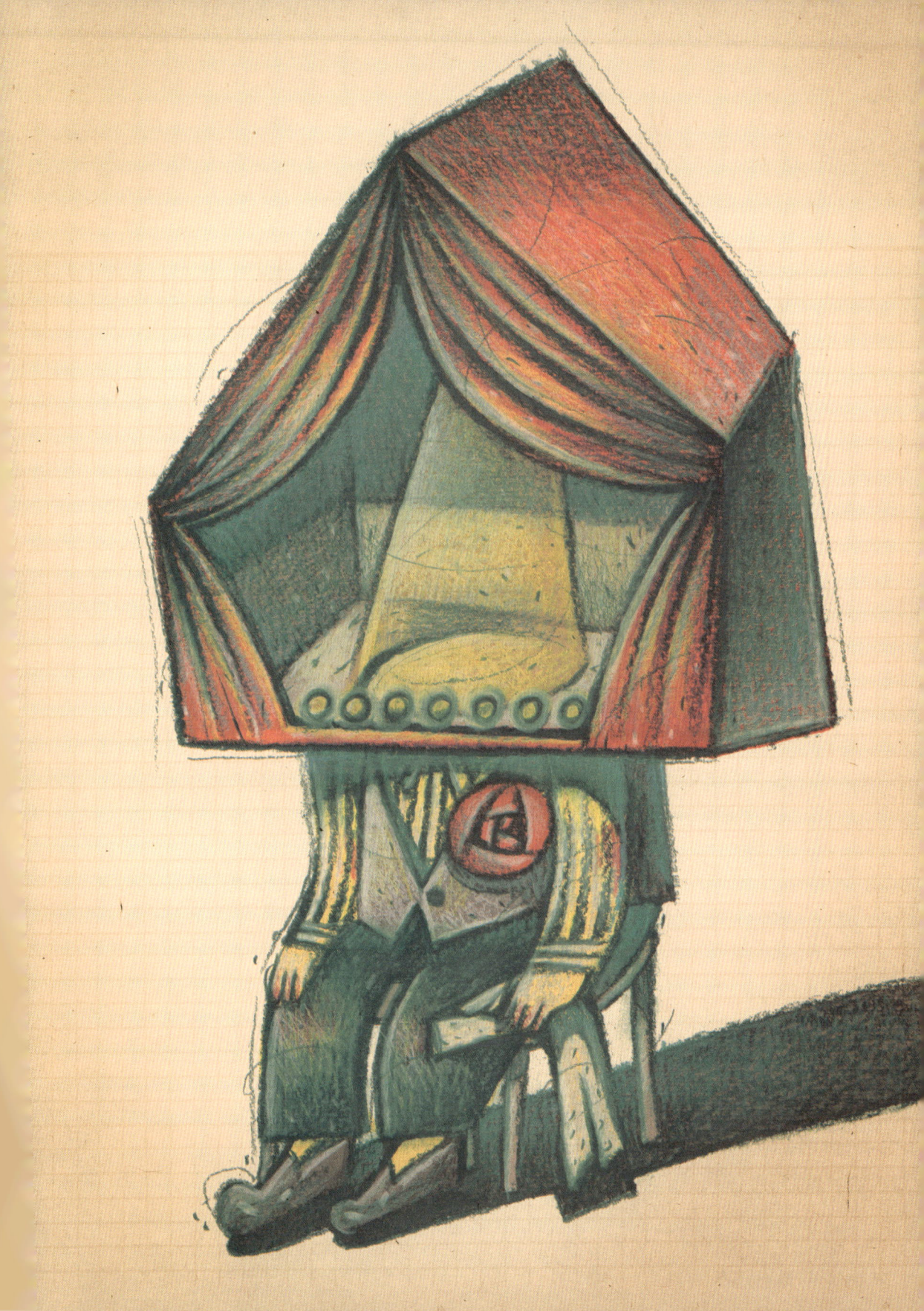

목표의 달성 여부는 얼마나 간절히 바라는가에 달려 있다.

브라이언 트레이시

여러분은 무엇인가를 간절하게 바란 적이 있나요?

인형이나 로봇이 갖고 싶어서 부모님께 사 달라고 떼쓴 적이 있을 겁니다. 그때의 심정을 생각해 보세요. 얼마나 간절하게 바랐는지 기억이 날 겁니다.

그럴 때면 부모님과 갈등했을 거예요. 부모님은 집에 비슷한 게 있으니 사지 말자고 하고, 여러분은 꼭 사고 싶은 거니까 사야 한다고 맞서지요.

이럴 경우 보통 누가 이길까요?

상황에 따라 차이가 있지만 어느 정도 답은 나와 있습니다.

그것은 바로 여러분이 그 물건을 얼마나 간절히 바라는가에 따라서 결정이 난다는 것입니다.

부모님도 여러분이 원하는 것을 사 주고 싶습니다. 하지만 그것이 필요 없는 물건이거나 몇 번 쓰고는 싫증 나 버려질 물건이라는 느낌이 들기 때문에 사 주지 않았던 것입니다.

만약 여러분이 정말로 그 물건을 갖고 싶어 한다는 것을 부모님께 보여 준다면 부모님은 결국 여러분의 소원을 들어줄 것입니다. 왜냐하면 이러한 줄다리기 게임에서는 오래 버티는 사람이 유리하기 때문입니다.

우리의 꿈과 목표도 마찬가지입니다.

우리가 그것을 얼마나 간절히 바라느냐에 따라서 목표를 달성할 수도 있고, 좌절될 수도 있습니다.

만약 우리가 간절히 바란다면 그것을 위해 모든 것을 희생하면서도 포기하지 않겠지요. 반면 별로 소중하지 않은 것이라면 중간에 포기하거나 다른 것으로 눈길을 돌릴 것입니다.

그러므로 정말 소중한 꿈이 있다면 그것을 간절히 바라야 합니다. 간절히 바랄 때 우리의 몸이 자동적으로 그 꿈을 따라갑니다.

잠재의식이라는 말을 들어 본 적이 있나요? 잠재의식이란 자신도 모르게 이루어지는 정신적인 활동을 말합니다.

예를 들면 우리가 밤에 꾸는 꿈 같은 것이죠. 우리가 꾸는 꿈은 평소에 자신이 두려워하거나 걱정하는 것들, 혹은 좋아하는 것들이 잠재의식으로 있다가 우리가 자는 동안 자연스러운 두뇌 활동에 의해서 드러나는 것이라고 할 수 있습니다. 그러니까 평소에 무의식적으로 생각하던 것들이 나타나는 것이지요.

잠재의식은 우리 마음속에 항상 숨어 있으면서 우리를 조종합니다. 그래서 자기도 모르게 어떤 행동을 하게 만들지요.

하굣길에 집에 가다 보면 항상 가는 길을 아무 생각 없이 따라서 걷는 경우가 있습니다. 이것 또한 잠재의식이 우리에게 시킨 일입니다.

이 잠재의식은 정말 중요한 일을 합니다. 우리가 일부러 노력하지 않아도 어떤 행동을 하게 만들기 때문입니다.

그래서 간절히 꿈을 이루었으면 좋겠다고 계속 생각하면 잠재의식이 그것을 알아듣고 꿈을 이루는 데 필요한 행동을 하게 만듭니다.

시험에서 좋은 성적을 거두어야 한다고 굳게 결심한 어떤 친구는 늦은 밤까지 공부하고 잠이 든 다음 날 아침에 저절로 눈이 떠진다고 합니다. 어머니가 깨우지 않았는데도 말입니다. 그것은 잠재의식이 꼭 좋은 성적을 내겠다는 결심으로 열심히 공부하도록 만들었기 때문입니다.

우리가 간절히 바라면 우리 안에 있는 잠재의식이 꿈을 이루도록 돕습니다. 뿐만 아니라 부모님이나 선생님, 친구 같은 주변 사람들도 우리의 간절함에 감동해서 도움을 줍니다.

그리고 하늘도 우리를 돕습니다.

때로는 행운도 따라 줍니다.

이 모든 것은 우리가 그 꿈을 얼마나 간절히 바라느냐에 달려 있습니다.

여러분이 자신의 꿈을 얼마나 간절히 바라는지 생각해 보세요.

그 꿈을 생각하면 가슴이 뛰나요?

꿈이 이루어지는 그날을 상상할 수 있나요?

꿈이 이루어지는 날을 자주 상상하면 자신도 모르게 그 꿈을 간절히 바라게 된답니다.

브라이언 트레이시 미국의 유명한 저자이자 강연가입니다. 고등학교를 겨우 졸업한 그는 젊었을 때 호텔 종업원, 세차장 청소원, 카센터 점원, 신문팔이, 판매원 등 다양한 경험을 하면서 힘든 삶을 살았습니다. 그런데 판매원이 되고 자신만의 기술을 터득하면서 전국적인 유명 인사가 됩니다. 그리고 스스로 터득한 기술을 전수하면서 세계적으로 널리 알려졌습니다.

밤이 어두울수록 별은 더욱 빛난다.

빈센트 반 고흐

밤하늘의 별은 참 아름답습니다. 그런데 이 아름다운 별을 낮에는 볼 수 없습니다. 오직 밤에만 볼 수 있지요.

우리가 낮에 별을 볼 수 없는 이유는 무엇일까요? 별이 낮에는 사라져 버리기 때문일까요? 자신의 집으로 돌아가 잠들기 때문일까요?

그렇지 않습니다. 별은 밤이든 낮이든 항상 하늘에 떠 있습니다. 별이 낮에는 보이지 않고 밤에만 보이는 이유는 바로 밤이 어둡기 때문입니다. 낮이 너무 밝아서 별빛을 볼 수 없는 것입니다.

반면에 밤은 태양이 사라져서 어둡고 캄캄합니다. 그 덕분에 우리는 아름다운 별빛을 볼 수 있습니다. 그래서 밤이 어두울수록 별은 더

욱 빛나는 것입니다.

고흐는 멋진 그림을 그리는 화가가 되는 것이 꿈이었습니다.
그래서 어려운 집안 형편에도 불구하고 그림 공부를 시작했습니다. 하지만 그림 그리는 데 필요한 물감을 살 돈이 없었습니다. 다행히 그의 동생이 취직해서 돈을 벌고 있었기에 동생이 보내 주는 생활비를 아껴서 물감을 샀지요.
그는 가난해서 유명한 화가에게 그림을 배울 기회도 없었습니다.
하지만 고흐는 포기하지 않고 힘든 상황을 참고 견디며 스스로 개척한 방식으로 그림을 그리며 화가의 꿈을 키워 나갔습니다. 그림은 점점 정교해졌고 새롭고 멋진 작품들이 탄생했습니다.
그럼에도 불구하고 사람들은 그의 그림을 눈여겨보지 않았고, 그림도 잘 팔리지 않았습니다. 이런 힘겨운 상황이 계속되자, 고흐는 자신이 화가로서 재능을 가지고 있는지 자꾸 의심하게 되었습니다. 자신한테 실망도 많이 했지요. 하지만 그는 포기하지 않았습니다.
바로 그때 "밤이 어두울수록 별은 더욱 빛난다."라는 말이 나왔습니다. 여기서 밤이란 힘들고 곤란한 상황을 말합니다. 별은 꿈을 이루

겠다는 소망과 의지이고요. 이 말에는 힘들고 어려운 상황일수록 꿈을 꼭 이루고 말겠다는 결심이 강해지고 의지가 생긴다는 뜻이 담겨 있습니다.

그렇다면 고흐는 과연 자신의 꿈을 이루었을까요?

안타깝게도 그는 죽고 나서야 꿈을 이루었습니다. 그가 죽은 후에야 많은 사람들이 그의 작품이 지닌 진정한 가치를 인정하기 시작했거든요. 좀 늦기는 했지만 어쨌든 그는 진정한 화가로서의 꿈을 이루었습니다.

인터넷에 고흐를 검색해 보세요. 많은 그림이 나올 겁니다. '해바라기', '별이 빛나는 밤에', '씨 뿌리는 사람' 등 멋진 작품들을 감상해 보세요.

그 그림들을 보면서 고흐가 가졌던 꿈도 생각해 보세요. 힘들고 어려운 상황에서도 꿈을 이루겠다는 소망과 의지만은 강렬했던 그의 목소리가 들릴 것입니다.

여러분은 어떠한 어려움이 닥치더라도 꿈을 이룰 마음의 준비가 되었나요?

빈센트 반 고흐 네덜란드의 화가입니다. 해바라기를 좋아해서 많은 작품을 남겼고, 가난한 사람과 농부를 주로 그렸습니다. 그림이 팔리지 않아서 평생 가난하게 살았는데, 그의 동생이 돈을 보내 주어서 겨우 그림을 그릴 수 있었습니다. 그의 그림은 그가 죽고 나서야 널리 인정을 받게 됩니다.

싸움에 있어서는 한 사람이 천 사람을 이길 수도 있다.
그러나 자신을 이기는 사람이야말로
가장 위대한 승리자다.

석가모니

싸움에서는 한 사람이 백 명 혹은 천 명도 이길 수 있습니다. 뛰어난 무술 실력을 가진 사람은 그렇지요. 삼국지에 나오는 여포나 관우 같은 명장들은 혼자서 수천 명을 상대했다고 합니다.

그런데 다른 사람과의 싸움에서 이긴 사람들이 자신과의 싸움에서는 지는 경우가 있습니다. 여포는 다른 사람들과 싸워 이겼지만 자신의 '욕심'에는 지고 말았습니다. 그 결과 양아버지를 살해하고 자신을 도와준 사람들을 배신했습니다. 자신도 불행하게 죽지요.

이처럼 다른 사람을 이기는 것은 쉽지만 자신을 이기는 것은 참으로 어렵습니다. 달리기 경기에서 다른 사람을 이기기는 쉽지만 자기

와 싸워 신기록을 세우는 일은 어려운 것처럼 말입니다.

우리의 몸은 하나지만 마음속에는 항상 두 개 이상의 마음들이 살고 있어서 서로 다투는 일이 생깁니다.

아침에 일어나는 순간을 떠올려 볼까요?

아침에 눈을 뜨면 일어날까 말까를 고민합니다. 이럴 때 부지런한 마음이 이기면 금방 일어나지만, 게으른 마음이 이기면 좀 더 잠을 자려고 다시 눈을 감습니다.

잠시 후 엄마가 깨우면 다시 부지런한 마음과 게으른 마음이 싸우고, 그 결과에 따라 일어날지 다시 잠을 잘지를 결정합니다.

이런 일들은 하루에도 수십 번 아니 수백 번 일어납니다. 학교에서 멀리서 다가오고 있는 선생님께 인사를 할까 말까 고민하는 것, 수업 시간에 책을 읽을까 말까를 고민하는 것이 그런 경우지요. 이렇게 우리는 매일 수많은 선택의 순간과 맞닥뜨립니다. 그때마다 어떤 결정을 하느냐에 따라서 전혀 다른 결과를 얻습니다.

아침에 부지런한 마음이 승리하여 일찍 일어난 경우에는 부지런한 사람이 되는 결과를 가져오고, 게으른 마음이 승리하여 늦게 일어난 경우에는 게으른 하루를 맞이합니다.

시험이 다가왔을 때 공부할 것이냐 놀 것이냐를 결정하는 것도 마찬가지입니다. 그 결정에 따라서 시험 성적이 좌우되니까요.

집에서 동생과 놀다가 다투게 되는 때도 있지요. 그때 착한 마음이 승리하면 내 동생이니까 보살펴 줘야 된다고 생각해서 다시 즐겁게 놀 수 있습니다. 하지만 나쁜 마음이 승리하면 동생을 혼내지요. 그러면 동생과 친하게 지내기가 어렵습니다.

꿈을 이루는 것도 마찬가지예요.

꿈을 이루려면 그 꿈을 이루기 위해서 필요한 행동을 합니다. 달리기를 잘하기 위해서 달리는 연습을 하듯이 말입니다. 그런데 연습을 하다 보면 쉬고 싶고 놀고 싶은 생각이 들 때가 있습니다. 그때 계속 연습할 것이냐 아니면 놀 것이냐의 결정에 따라 꿈을 이루느냐 이루지 못하느냐가 결정됩니다.

꿈을 이룬 사람들은 항상 중요한 결정의 순간에 성실한 마음과 착한 마음이 승리하도록 애쓴 사람들입니다. 이것이 석가모니께서 가장 위대한 승리자는 자기 자신과의 싸움에서 승리한 사람이라고 말한 까닭입니다.

여러분은 오늘 자신의 꿈을 위해서 필요한 일들을 하고 있습니까?

다른 것을 하고 싶은 유혹이 있을 때마다 꿈을 이루는 데 도움을 주는 선택을 하고 있습니까?

　그렇지 않다면 이제부터라도 자신과 싸우는 연습을 해 보는 것은 어떨까요?

석가모니　불교를 창시한 분입니다. 불교는 기독교, 이슬람교, 힌두교와 더불어 세계 4대 종교이며 인도에서 시작되었습니다. 석가모니는 '고타마 싯다르타'라고도 하는데 지금부터 약 2,500년 전 왕자라는 높은 신분으로 태어났지만, 병들고 늙어 가는 사람들을 지켜보고는 질병과 죽음 같은 삶의 고통에서 해방될 수 있는 길이 해탈에 있음을 발견하게 됩니다. 지금도 많은 스님이 그분의 길을 따라서 참선과 수행을 하고 있습니다.

아빠의 응원 ❼

착한 마음이 이길 수 있도록 주문을 외워 보자

　우리 안에는 두 마음이 살고 있어. 하나는 내가 꿈을 이루려고 노력하는 데 도움을 주는 착한 마음이고, 또 하나는 꿈을 이루기 위한 노력을 게을리하게 만드는 나쁜 마음이란다. 보통 때에는 두 마음이 다투지 않지만, 열심히 노력했는데도 좋은 결과가 나오지 않을 때면 나쁜 마음이 점점 커져 착한 마음과 다투게 된단다.

　예를 들어, 네가 책이 말하는 주제를 잘 알아채는 훈련을 하기 위해 하루에 15분씩 책을 읽기로 계획을 세웠다고 해 보자. 그런데 마침 아주 오랜만에 연락한 친구가 게임을 하자고 했어. 이럴 때 넌 어떻게 할 것 같니? 처음엔 둘 중 어느 하나를 선택할까 갈등하겠지?

　이때 착한 마음이 이기면 조금만 더 노력해 보자고 다짐하며 친구랑 노는 시간을 책읽기를 한 다음인 15분 뒤로 미룰 거야. 하지만 나쁜 마음이 이기면 한 달 동안 계획대로 책을 열심히 읽었지만 주제를 파악하는 능력은 별로 나아진 것 같지 않다고 생각하면서 15분 책읽기를 그만 두고 게임을 먼저 하게 되지.

　물론 재미있는 일을 하면 스트레스가 풀려서 오히려 내가 꼭 할 일을 신나고 즐겁게 하게 되는 경우도 있어. 하지만 대부분은 재미있는 일을 하느라 꼭 해야 할 일을 잊어버리고 말지. 기분 전환을 하는 것이 아니라 아예 할 일을 안 하게 되는 거야. 누구나 그런 경험이 있단다. 아빠도 그래.

　그런데 꿈을 이루는 사람은 나쁜 마음보다 착한 마음이 이긴 경우가 훨씬 많은 사람이란다. 그 사람이 특별해서 착한 마음이 이겼다기보다는 착한 마음이 이기도록 자신에게 주문을 외웠기 때문이야.
　너도 꿈을 이룬 사람이 되고 싶지? 아빠가 착한 마음이 이기도록 하는 주문을 알려 줄게. 나쁜 마음이 점점 커질 때 한 번씩 외워 보자!

<u>착한 마음이 이기게 하는 주문</u>

1. 20년 뒤 나는 꿈을 이룬 사람이 되었다!
2. 나는 매일매일 조금씩 꿈을 이루고 있다!
3. 오늘 할 일을 내일로 미루지 말자!
　　오늘 일을 내일로 미루면 내일 일은 모레로 미루게 된다.
4. 부모님과 친구들이 나를 응원하고 있다!
5. 열 번 해서 안 되면 한 번만 더 해 보자!
6. 나 자신에게는 부끄러운 사람이 되지 말자!
7. 작은 목표 하나를 이룰 때마다
　　'난 참 멋있어.'라고 스스로 칭찬하자.

여덟 번째 명언 노트

결정적인 순간에 자꾸 실수해요.
그럴 때마다 속상하고 마음이 아파요.
어떻게 하면 실수하지 않을까요?

전에도 프로그램 도중에 실수한 적이 많아서
크게 당황하지 않았고,
다른 요소들에 집중해서 잘 마무리 지은 것 같아요.

김연아, 2007 그랑프리 3차 대회에서 우승한 후

'김연아 선수' 하면 모르는 사람이 없습니다. 덕분에 우리나라의 명성도 세계에 많이 알려졌습니다.

예전에는 피겨 스케이팅 경기에서 미국과 캐나다, 일본이 메달을 휩쓸었습니다. 하지만 지금은 달라졌습니다. 바로 김연아 선수 때문입니다. 이제는 대한민국이 피겨 스케이팅의 금메달을 휩쓸 차례입니다.

김연아 선수는 어릴 때부터 스케이팅을 배워서 열두 살에 한국 챔피언이 되었습니다. 2001년부터 2005년까지 5년 연속으로 우승했지요. 국가 대표가 되어 열심히 연습하고 노력한 그녀는 2006년과 2007

년 그랑프리 파이널에서 우승했고, 2009년에는 세계 선수권 챔피언에 올랐습니다. 이때 여자 선수로서는 처음으로 200점을 돌파해서 세계 기록을 세웠고 점프 부문에서는 남녀 선수를 통틀어 최초로 2점의 가산점을 받기도 했습니다.

  이런 영광스러운 결과를 얻기까지 김연아 선수는 끊임없이 노력했습니다. 한 번의 점프를 성공시키려면 3천 번의 훈련을 해야 한다고 합니다. 점프 동작 하나를 완성시키고 몸에 익히는 데 3천 번의 연습을 해야 한다는 사실도 놀랍지만, 그것을 이겨 낸 김연아 선수의 열정은 더욱 놀랍습니다.

  피겨는 딱딱한 얼음 위에서 펼치는 경기입니다. 부상이 없을 수가 없습니다. 김연아 선수도 부상으로 인한 허리 통증으로 오랫동안 슬럼프를 겪었습니다. 슬럼프라는 것은 자신감이 사라지거나 연습했던 대로 동작이 되지 않아서 매번 실패하는 현상을 말합니다.

  운동선수들은 이런 슬럼프를 가장 두려워합니다. 슬럼프에 빠지면, 예전엔 잘 되던 동작도 갑자기 꼬이고 원하는 대로 몸을 움직일 수가 없게 됩니다. 이렇게 되면 아무리 연습해도 극복하기 어려운 경우도 생깁니다. 훌륭한 선수는 슬럼프를 어떻게 극복하느냐에 달렸다고 해

도 지나친 말이 아닙니다.

　축구의 박지성 선수나 역도의 장미란 선수도 슬럼프를 겪었습니다. 하지만 모두 이겨 냈지요. 김연아 선수도 마찬가지입니다. 부상과 그로 인한 슬럼프를 극복하려고 마음을 침착하게 유지하는 훈련을 했으며, 꼭 필요한 스케이트 동작을 완성하기 위해 세심한 노력을 기울였습니다. 그리고 슬럼프를 이겨 낸 김연아 선수는 다시 세계 정상에 우뚝 섰습니다.

　김연아 선수도 경기 도중에 실수를 합니다. 하지만 연습을 하면서 많이 넘어져 본 사람은 실수에 얽매이지 않고 남은 경기에 몰입해서 연기를 펼칩니다. 넘어졌던 경험이 약이 되어 강하고 여유로운 마음을 가질 수 있도록 도와주는 것입니다. 이것이 중요합니다. 실수해 보지 않은 사람은 한 번만 실수하면 놀라서 경기를 포기하고 맙니다. 하지만 실수로 단련된 사람은 실수를 대수롭지 않게 여깁니다.

　슬럼프도 마찬가지입니다. 누구에게나 슬럼프는 찾아옵니다. 자신이 어떤 꿈을 갖고 있든 그것은 피할 수 없습니다. 하지만 훌륭한 사람은 슬럼프를 피하지 않고 받아들이고 이겨 나갑니다. 사실 슬럼프를 이겨 내면서 좀 더 완벽해지고 성숙해진다고 할 수 있습니다. 김연아 선수가 점프에서 실수를 하는 슬럼프가 있었던 것은 동작이 완벽하지 않기 때문이었습니다. 슬럼프를 이겨 냈을 때 비로소 동작이 완벽해지고 더 훌륭한 선수가 된 것이죠.

여러분도 꿈을 이루려고 노력하는 과정에서 슬럼프에 빠지더라도 결코 실망하지 마세요. 잘 안되는 것이 있다는 것은 무엇인가가 부족하다는 신호입니다. 그 신호를 받아들이고 다시 마음을 가다듬으세요. 새로 시작하면 됩니다. 도전하고 훈련하고 극복하는 과정에서 우리는 더 나은 사람이 되어 갑니다. 그리고 꿈을 이루었을 때 우리는 깨닫습니다. 꿈은 바로 우리가 가는 길 그 자체였다는 것을 말입니다.

김연아 자랑스러운 대한민국의 피겨 스케이팅 선수입니다. 수많은 세계 기록을 세웠고 우승도 많이 했습니다. 여자 선수로는 최초로 200점이 넘는 점수로 2009년 세계 선수권 챔피언이 되었고, 2010년 동계 올림픽에서는 총점 228.56점을 얻어 자신이 세운 세계 신기록을 경신하고 금메달을 땄습니다. 세계의 모든 피겨 스케이팅 상을 휩쓴 그녀는 이제 더 큰 꿈을 향해 다시 도전하고 있습니다.

최고보다는 최선이 좋습니다.
최선을 다하면 최고가 되겠죠.

유재석

메뚜기 유재석 아저씨는 스무 살에 개그맨 시험을 보았습니다. 그리고 장려상을 받았습니다. 드디어 개그맨이 된 것입니다. 개그맨이 되려고 많이 노력하고 연습했는데 꿈이 이루어졌으니 얼마나 기뻤을까요?

그런데 그 꿈은 완전히 이루어진 것이 아니었습니다. 개그맨으로 뽑히기는 했지만 오랫동안 무명 시절을 보내야 했기 때문입니다. 개그맨으로 뽑혔다고 해서 곧바로 많은 사람으로부터 사랑을 받거나 인기를 얻을 수는 없습니다. 재미있는 이야기로 사람들에게 웃음을 주어야 합니다.

개그맨 생활을 하면서 그는 있는 그대로의 모습을 보여 주지 못하고 어색한 모습을 많이 보였습니다. 그래서인지 큰 역할을 맡지는 못하고 작은 역할 몇 개만을 맡았습니다. 그리고 오랜 시간 동안 이름 없는 개그맨으로 지냈지요. 의욕만 너무 앞서서 오히려 개그를 재미없게 만들었던 모양입니다.

하지만 그 시간 동안 유재석 아저씨는 쉬지 않고 연습하고 노력했습니다. 그러던 중 그의 재능을 높이 산 방송국으로부터 프로그램 진행을 해 보지 않겠느냐는 제의를 받게 되지요. 그때부터 유재석 아저씨의 재능은 빛을 발하기 시작했습니다. 전보다 훨씬 발전된 모습으로 있는 그대로의 모습을 보여 주기 시작했기 때문입니다.

예전에는 억지로 웃기려다 보니 사람들이 오히려 웃지 않았습니다. 그런데 진행을 맡으면서 있는 그대로의 유재석, 조금은 어수룩하고 부족해서 실수도 자주 하는 인간 유재석을 보여 주었습니다. 그러자 이상한 일이 일어났습니다. 사람들이 마구 웃기 시작한 것입니다. 예전의 억지웃음과는 전혀 다른 자연스러운 웃음이었습니다. 포기하지 않고 끝까지 최선을 다한 결과였습니다.

알고 보면 우리가 하는 일들의 대부분이 비슷한 성질을 갖고 있습

니다. 남들에게 너무 잘 보이려고 하면 오히려 실수하거나 거만하게 보여서 인정받지 못합니다. 달리기를 너무 잘하려고 하면 총소리가 나기도 전에 먼저 달려 나가는 것처럼 말입니다.

   그래서 자신의 꿈을 위해서 노력하다가 잘 풀리지 않을 때에는 다른 방법으로 생각해 보는 노력이 필요합니다. 이렇게 해도 잘 안되니까 이번에는 완전히 다르게 해 보자는 식으로 생각하는 겁니다. 너무 잘하려고 하지 말고 있는 그대로의 나를 보여 주자는 유재석 아저씨처럼 말입니다. 그러다 보면 오히려 그것이 자연스러운 재능을 불러일으켜서 일이 잘 풀리도록 해 줍니다.

   그 후 유재석 아저씨는 '무한도전'과 '놀러 와' 같은 인기 프로그램에서 맹활약하고 있습니다.

   이상한 것은 그를 싫어하는 사람이 별로 없다는 점입니다. 원래 좋아하는 사람들이 많아지면 싫어하는 사람들도 많아지는 법인데, 유재석 아저씨를 싫어하는 사람은 별로 없습니다. 아마도 소박하고 솔직하고 근면하면서도 인간적인 모습 때문일 것입니다. 이것 또한 전혀 다른 방법으로 사람들을 웃긴 결과입니다.

   혹시 열심히 노력해도 생각대로 꿈이 잘 풀리지 않으면, 유재석 아

저씨처럼 다르게 생각해 보세요. 자연스럽게 웃고 즐기다 보면 오히려 더 잘 되는 경우가 많으니까요.

유재석 대한민국의 대표적인 개그맨입니다. 방송 프로그램 진행자로서도 이름을 떨치고 있으며, 출연하거나 진행을 맡았던 프로그램은 모두 큰 인기를 얻었습니다. 많은 팬을 확보하고 있으며 메뚜기라는 재미있는 별명도 가지고 있지요.

생각을 바꾸면 행동이 바뀌고,
행동이 바뀌면 습관이 바뀌고,
습관이 바뀌면 성격이 바뀌고,
성격이 바뀌면 운명이 바뀐다.

나폴레옹

여러분은 가끔 '생각을 바꿔야 한다.' 라는 이야기를 듣지 않나요? 도대체 생각을 바꾼다는 말은 무슨 뜻일까요?

생각을 바꾼다는 것은 뭔가를 지금까지와는 다른 관점에서 보는 것과 관련이 있습니다.

예를 들어 동생이 평소에 자기를 귀찮게 한다고 느끼는 친구가 있다고 생각해 봅시다. 하루는 급하게 숙제를 해야 해서 마음이 무척 바빴는데, 동생이 숙제에 필요한 도구들을 열심히 가져다주었습니다. 그러면 그 순간 친구는 귀찮았던 동생을 숙제를 도와주는 착한 동생으로 생각할 것입니다.

이것이 바로 생각이 바뀌는 순간입니다. 귀찮던 동생이 고맙고 필요한 동생이 된 것입니다.

이렇게 생각이 바뀌면 무슨 일이 일어날까요?

평소에는 동생과 잘 놀아 주지도 않고 괴롭혔지만, 이제 동생을 친절하게 대하고 동생과 잘 놀아 주기도 할 겁니다.

동생을 바라보는 생각이 바뀌자 행동이 바뀌게 된 것입니다.

그렇다면 행동이 바뀌면 무슨 일이 일어날까요?

바뀐 행동을 반복하면 습관이 됩니다. 습관이란 우리가 비슷한 행동을 자동으로 반복하게 되는 것을 말합니다. 밥을 빨리 먹는 것, 일찍 잠드는 것, 선생님을 보면 항상 인사하는 것 등이 그런 것입니다.

습관이 바뀌게 되면 성격도 바뀝니다. 성격은 우리의 마음가짐 같은 것입니다. 우리가 평소에 가지고 있는 태도라고 보면 됩니다. 습관이 바뀌면 자연스럽게 마음가짐이 바뀌고, 마음가짐이 바뀌면 자연스럽게 운명이 바뀝니다. 미리 정해져 있는 운명도 우리가 어떤 마음으로 살아가느냐에 따라서 달라질 수 있기 때문입니다. 그래서 위대한 사람들을 운명의 개척자라고 하는 것입니다.

꿈과 목표를 이루기 위해서는 나폴레옹이 말했던 것을 잘 살펴보아야 합니다.

"내 꿈을 이루려면 어떤 생각을 해야 할까?"

이렇게 스스로 질문해 보세요. 그러면 어떤 생각을 해야 꿈을 이룰 수 있는지 알게 됩니다. 그리고 항상 꿈을 이룰 수 있는 생각을 하도록 노력하세요. 그러면 생각에 따라서 행동이 바뀝니다. 행동이 바뀌면 습관이 바뀌고 이어서 성격이 바뀌어서, 결국은 여러분의 운명이 바뀝니다.

여러분이 박지성 선수처럼 훌륭한 축구 선수가 되고 싶다면 어떤 생각을 해야 할까요?

'어떻게 하면 축구를 잘 할 수 있을까?'

이런 생각을 많이 해야 합니다. 그러면 자연히 축구를 잘할 수 있는 방법이 떠오릅니다. 우리는 그것을 행동으로 옮기면 됩니다. 행동을 반복하면 새로운 습관이 됩니다. 예전에는 공만 잡으면 빼앗겼지만, 공을 다룰 수 있는 새로운 기술이 몸에 익었기 때문에 이제는 멋지게 수비를 따돌리고 골도 넣을 수 있을 것입니다.

습관이 만들어지면 공을 잡을 때 자신감이 생깁니다. 이때 생기는 자신감은 '나도 잘 할 수 있다.'라는 믿음 같은 것입니다. 이것은 성격을 이루게 되지요. 그래서 결국 자신감으로 가득 찬 좋은 선수가 될 수 있는 것입니다.

지금 자신에게 질문을 던져 보세요.

"어떤 생각을 하면 내 꿈을 이룰 수 있을까?"

"어떤 행동을 하면 내 목표를 이룰 수 있을까?"

나폴레옹 프랑스의 군인이자 정치가입니다. 가난한 집안에서 태어난 그는 자존심이 강하고 무엇인가를 이루고자 하는 욕구가 넘쳐서 혁명기의 프랑스에서 두각을 나타냅니다. 군인으로서 정치적으로 성공하여 쿠데타를 일으켜 정권을 잡고 스스로 왕이 됩니다. 〈나폴레옹 법전〉을 만들고 개선문을 세우는 등 프랑스에 큰 공헌을 하였습니다.

아빠의 응원 ❽

실수는 네 꿈을 더욱 튼튼하게 만든단다

곧잘 하던 일인데도 갑자기 잘 안될 때가 있을 거야. 분명히 아는 것인데 갑자기 생각나지 않아서 시험에서 틀리는 문제가 있을 거야.

그럴 땐 마음 아파하지 말고 왜 안 되는지, 왜 알고 있는 문제인데도 틀렸는지 되짚어 보는 것이 중요해. 그러다 보면 실수한 이유도 알게 되고, 또 다시 실수하지 않을 방법도 찾을 수 있거든. 실수를 줄일 수 있게 되는 거야.

시험을 볼 때 잘 아는 문제인데도 자꾸 실수로 틀리는 것은 몸이 너무 피곤하기 때문이기도 해. 그래서 가끔씩 몸을 풀어 주면 온몸의 혈액 순환이 좋아져서 뇌가 더 활발하게 활동할 수 있다고 하지. 이렇게 하면 마음이 안정되어서 머릿속 깊은 곳에 저장되어 있던 기억이 확 하고 떠올라서 잘 풀리지 않던 문제를 쉽게 풀 수 있을 거야.

같은 문제를 자꾸 틀릴 때 실수를 줄이는 방법

1. 잠시 눈을 감고 크게 숨을 쉬어 보자.

2. 기지개를 켜면서 양손과 다리를 길게 늘려 보자.

3. 편안하게 목을 돌리는 거야.

4. 그러고 나서 몸통도 좌우로 돌려 보자.

5. 크게 심호흡을 하고 다시 문제를 들여다봐.
   어때? 전에 공부했던 내용이 기억나지?

   아빠가 실수하지 않도록 마음을 다스리는 방법을 알려 줄게.
   실수하지 않게 마음을 가다듬는 것을 '마인드 콘트롤'이라고 하는데, 머릿속에서 실수 없는 완벽한 행동을 그릴 수 있게 되면, 실제로 네가 행동했을 때도 똑같은 결과를 얻을 수 있단다. 김연아 선수도 연습 시간이 부족할 때는 이런 방법을 써서 연습한 덕분에 실수를 최대한 줄일 수 있었단다.

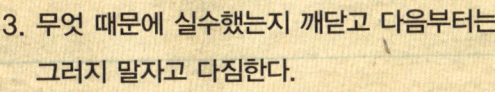

동작이나 행동에서 실수를 줄이는 방법

1. 내가 실수한 장면을 머릿속에 천천히 그려 보자.

2. 내가 실수한 그 순간, 정지 시켜 놓고 왜 실수하게 됐는지 곰곰이 생각해 보자.

3. 무엇 때문에 실수했는지 깨닫고 다음부터는 그러지 말자고 다짐한다.

4. 실수한 부분을 제대로 할 수 있도록 주의하며 머릿속으로 완벽한 동작을 반복해서 그리자.

5. 완벽한 동작이 머릿속에서 자동으로 떠오를 수 있도록 1~4의 순서를 반복하자.

미래에는 꿈을 이룬 사람이 되어 있을 거예요

어떤 사람은 자신의 꿈이 다른 사람을 행복하게 해 주는 것이라고 말합니다.

테레사 수녀님을 아나요? 테레사 수녀님은 평생 가난하고 병든 사람을 위해 봉사하는 삶을 사신 분입니다. 그분의 꿈은 질병과 고통으로 괴로워하는 많은 사람을 사랑으로 보살피는 것이었습니다. 슈바이

처 박사도 알지요? 그분 또한 질병으로 고통받는 아프리카 주민에게 의료 기술을 보급하여 고통을 덜어 주는 것이 꿈이었습니다.

이처럼 꿈이란 자기 자신만을 위한 것이 아닌 경우가 많습니다. 다른 사람을 꼭 이겨야만 자신의 꿈을 이룰 수 있다면, 다른 사람을 적으로 만들게 되고, 그러면 다른 사람은 나의 꿈이 이루어지는 것을 돕기보다는 방해할 것입니다. 그래서 자신만을 위한 이기적인 꿈을 추구하는 것은 바람직하지 않습니다.

우리는 다른 사람이 없으면 살아갈 수 없습니다. 개그맨을 떠올려 보세요. 개그맨은 사람들을 웃기는 일을 합니다. 그런데 사람들이 없다면 어떻게 될까요? 개그맨은 웃길 대상이 사라져서 더 이상 일을 할 수 없게 됩니다. 다른 직업도 마찬가지입니다. 우리는 서로 돕지 않으면 살아갈 수 없거든요. 그래서 다른 사람의 꿈도 소중하게 생각하고 그 꿈을 이룰 수 있도록 도와주어야 하는 것입니다. 친구가 꿈을 이룰 수 있을 때 내 꿈도 이룰 수 있다는 사실을 잊지 마세요.

함께 꿈꾸고 함께 나누고 함께 즐기는 하루하루가 모이면 평생 행복할 수 있을 것입니다.

이제 여러분의 꿈을 이루기 위한 행동을 시작해 볼까요? 꿈은 우리가 만들어 가는 것입니다.

문광부와 환경부가 우수도서로 인증하고 한우리독서운동본부, 아침독서신문, 국립어린이청소년도서관이 필독서로 지정한 토토 생각날개 시리즈

토토 생각날개는 세상을 향해 날갯짓을 시작한 어린이에게 생각하는 힘과 더불어 사는 방법을 일깨워 주는 인문 교양 시리즈입니다.

01 시가 말을 걸어요
02 김나미 아줌마가 들려주는 세계 종교 이야기
03 아빠, 한양이 서울이야?
04 나는 어떤 어른이 될까요?
05 아빠랑 함께 보는 우리 옛 건물
06 달력은 어떻게 만들어졌을까?
07 한입에 꿀꺽! 맛있는 세계 지리
08 난 한글에 홀딱 반했어!
09 아빠, 게임할 땐 왜 시간이 빨리 가?
10 구본형 아저씨, 착한 돈이 뭐예요?
11 고전을 펼치고 지구본을 돌려라
12 야생초 학교
13 국립중앙박물관에는 어떤 보물이 있을까?
14 어린이가 처음 배우는 인류의 역사
15 안녕하세요? 나는 화가입니다
16 생각하는 아이는 파란 장미를 피운다
17 논리를 찾아라!
18 질문 속에 답이 있다
19 세빈아, 오늘은 어떤 법을 만났니?
20 어린이를 위한 유쾌한 세계 건축 여행
21 날아라, 대한민국!
22 세계문화유산 양동마을
23 안도현 선생님과 함께 큰 소리로 읽어요
24 외교관 아빠가 들려주는 외교 이야기
25 100년 전 우리는
26 조선의 선비 정신
27 꼬마 역사학자의 한국사 탐험
28 오방색이 뭐예요?
29 얘들아, 왜 지구가 아픈지 아니?
30 세종 대왕이 뿔났다
31 그런데요, 종교가 뭐예요?
32 똥딴지같은 내 마음 왜 이럴까?
33 한입에 꿀꺽! 짭짤한 세계 경제
34 이모와 함께 도란도란 음악 여행
35 매머드 할아버지가 들려주는 인류의 역사

각 권 112~220쪽 | 각 권 9,500~15,000원
토토 생각날개 시리즈는 계속 출간됩니다.

"네 꿈이 뭐니?"라는 질문에 자신 있게 대답할 수 있니?

꿈이 있는 사람과 없는 사람의 차이는 뭘까?
바로 자신이 어디로 가야 하는지를 안다는 거야.
꿈을 갖고 있으면 자신에 대한 믿음이 생기고,
자신에 대한 믿음이 있으면 무엇이든 행동하고 싶어지지.
행동하면 습관이 달라지고, 습관이 달라지면 미래도 달라진단다.
꿈을 갖는 게 소중하다는 것은 알지만 어떻게 꿈을 찾느냐고?
아빠는 위대한 인물들의 명언을 책에서 읽고 그대로 따라해 봤어.
그랬더니 정말 내 꿈을 찾을 수 있었고, 결국 이루었단다.
이제부터 아빠가 차곡차곡 모은 명언을 들려줄게.
아빠랑 함께 네 꿈을 찾아보자.
꿈을 이룬 선배로서 아빠가 옆에서 응원해 줄게.

파이팅!

값 9,500원

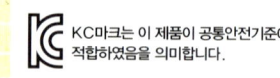

ISBN 978-89-6496-006-6